バカよさらば
プロパガンダで読み解く日本の真実

Kurayama Mitsuru
倉山満

ワニブックス

まえがき

「素晴らしい！　ここに書かれてある道徳は、普遍的な価値観だ！　この本に書かれてある〝天皇陛下〟を〝星条旗〟と置き換えれば、アメリカ人にも通じる内容だ！」

セオドア・ルーズベルトは、一読して叫んだと伝わります。新渡戸稲造の世界的ベストセラーである『武士道』の感想です。礼儀、正義、名誉、忠誠、責任感……。西洋のキリスト教に対応する道徳が日本にもある！　セオドアは徹夜で『武士道』を読破し、自費で買い込んで友人に配ったとか。

セオドア・ルーズベルトは日露戦争の時、日本に有利な講和を仲介してくれた大統領です。もちろんアメリカの国益に基づいての外交行動ですが、個人的につきあった日本人に好意を抱いていたのも、また確かです。亡国か大国か。日露戦争は、日本の運命を決めた戦争でした。大ロシアを相手に亡国必至の戦いを奇跡的に勝ち続けましたが、外交に結び付けなければ意味がありません。日本は開戦前から講和の仲介相手を探し、アメリカに依頼しました。セオドアは、講和の仲介を引き受けてくれました。新渡戸稲造の『武士道』が大きな役割を果たしたことは言うまでもありません。

さて、新渡戸の『武士道』がプロパガンダだと、ご存じでしょうか。

新渡戸の『武士道』には、事実関係の批判が多くあります。要するに、「新渡戸が描いたのは一般的な日本人の倫理観で、現実の武士道とは何の関係もない」という指摘です。その通りです。

ついでに言うと、本当に言ったかどうかは知りませんが、「〝天皇陛下〟を〝星条旗〟と置き換えれば、アメリカ人にも通じる内容」というのは当たり前です。明らかに新渡戸は、そう読めるように書いているのですから。

当時の世界は、白人優位社会です。一六九九年、オスマン・トルコ帝国が敗北して以来、有色人種は白人と戦って全戦全敗なのです。それ以降で、有色人種が白人に勝利するのは、一九〇四〜五年の日露戦争が初めてなのです。『武士道』が書かれたのは一九〇〇年。日英同盟を結ぶのは二年後です。当時の日本人が白人の中に味方を作ろうと、必死だった状況を理解しないと『武士道』は読みこなせません。

日本人は外交音痴だ、宣伝下手だ、と言うのは構いませんが、少なくとも日露戦争に勝つまでの日本人は違いました。新渡戸稲造はプロパガンダの名手でした。

確かに、日露戦争に勝った後、現代に至る日本人は世渡り下手です。

一九一一年に辛亥革命が起きて翌年に中華民国ができるや、この国の扱い方に失敗します。中華民国の指導者と言えば、孫文や袁世凱ですが、日本人は彼らに騙され続けます。

孫文が「アジア主義」を唱えれば靡き、その裏で孫文はアメリカやソ連にも媚び諂っている。舌が三枚も四枚もあるのがチャイニーズです。

条約破りの常習犯の袁世凱には「お願いですから最後通牒の形で突きつけてください。そうしないと私が国内を抑えられません」と泣きつかれ、お人よしにも最後通牒にしてあげる。そうすると袁世凱に全世界に向かって「日本からこんな形で脅された」と言いふらされる。

満洲事変、支那事変では、軍事的に全戦全勝でありながら、蔣介石は全世界に日本の非道を訴え、米英を味方につけて生き延びました。その結果、大日本帝国は米英との全面戦争で敗れ、滅びてしまいます。明治維新から日露戦争までの勝利は、すべてフイになりました。

その上前をはねたのが、毛沢東です。毛沢東は、蔣介石が日本との戦いでヘトヘトになるのを待ち、大陸から追い出しました。今に至る中華人民共和国の始まりです。

その中国に、日本がことごとく押さえつけられています。ことあるごとに「歴史問題」を持ち出され、すごすごと引き下がる。それどころか、最近は中国の手下の北朝鮮や、そのまた手下の韓国にまで舐められる始末。

日本人は何と愚かな民族なのでしょうか？

しかし、本当に最初から愚かだったのでしょうか。我が国は公称二六五九年、誰がどう見ても明らかな大宝律令から数えても一三〇〇年の一度も途切れたことがない歴史を誇ります。たかだか最近の百年だけを見て、「日本人は愚かだ」と決めつけることに違和感があります。

確かに今は愚かかもしれません。バカです。ならば、バカをやめればいいのです。その為には、まず「なぜ日本人はバカなのか」を考えることです。

現代は大量の情報が流れてきます。しかし、今の情報のどれが正しいのか、どうやって判断するのでしょうか。それを判断するために、本書を書きました。

本書は「プロパガンダ」という切り口で、日本の現代の問題を考えています。現代を考えるからこそ、歴史を大事にします。動物は目の前のことだけにとらわれて生きていますが、人間は歴史によって考えることができます。歴史があるから、人間は単なる動物ではないのです。

なぜ日本人は騙され続けるのか。歴史に学ばないからです。ならば、プロパガンダの歴史を学び、どうやって騙されてきたか、あるいは日本人が騙した歴史も知り考えることによって、賢くなれるはずです。

バカよ、さらば！

プロパガンダで読み解く日本の真実、御開帳～！

第一章 三河武士団はプロパガンダの名人だった

第二章 このままでは、日本は歴史問題で絶対に勝てない

第三章 安倍政権六年、なぜ保守は負けっぱなしなのか

第四章
日本を敗戦国のままにする「左上」という敵

第五章 米・中・韓など怖くない！本当はすごい日本人

装丁　木村慎二郎

序章

プロパガンダとは何か

■満洲事変を侵略だと思わせてしまったプロパガンダの敗北

日本はいつまで敗戦国のままでいる気なのか？

外国ともめごとが起こると必ず泣き寝入りしている祖国の姿を見るたびに、そう思います。敗戦後の日本は、はっきり言えばアメリカの持ち物です。そこに旧ソ連や中国が「俺に寄越せ」とちょっかいを出してくる。それどころか北朝鮮や韓国にもコケにされる。

どうしてこうなったのか？

私はその起点を知りたくて日本近代史を勉強しようと志し、修士論文では満洲事変をテーマに選びました。その後、満洲事変を国際法的に考察した論文を一本、当該時期におけるプロパガンダに関して学術論文を三本書きました。左がそれです。

①「満洲事変における法的問題」（『憲法論叢』第九号、二〇〇二年）

②「満洲事変期幣原外交の再検討―宣伝概念の欠落と外交努力の成功を鍵として―」（『政教研紀要』第二七号、二〇〇五年）

③「国際連盟脱退をめぐる日本外交の行政史的考察―外交官と軍人の知見を中心に―」
（『政教研紀要』第二八号、二〇〇六年）
④「上海事変における列国との軍事緊張」（『法政論叢』第四二巻第二号、二〇〇六年）

満洲事変とは、昭和六（一九三一）年九月十八日の柳条湖事件をきっかけに日本が中華民国と戦い、同八年五月三十一日塘沽停戦協定で終了する事変のことです。

昔は、昭和十二年からの支那事変、昭和十六年からの大東亜戦争と合わせて、「十五年戦争」とも呼ばれました。計算しても十五年間にはならないですし、そもそも戦っていない期間が四年間あります。

言うなれば、「十五年戦争」という名前自体が、プロパガンダなのです。

さらに敗戦後は、「満州事変」「日中戦争」「太平洋戦争」という呼び方を強要されました。

「満洲」「支那」という言い方は中国が嫌がっている。「大東亜戦争」は日本が東アジアを解放しようとしたとの意味だから、けしからん。要するに、占領軍は「日本は悪い事をしたのだ」「外国を侵略した悪い奴なのだ」という意識を植え付けようとして、日本が自分でつけた戦争の名前を使うことを許さなかったのです。

問題は、占領軍がいなくなってからも、日本人自身が「満洲事変」「支那事変」「大東亜戦争」という呼び方を使いたがらないことです。最近の歴史学界では、「アジア太平洋戦争」という呼び方を使わない者は学者ではない、という掟が存在します。偉い教授たちが、そう決めたからです。今の偉い教授の師匠の師匠くらいの世代は、占領期に偉くなった人たちです。つまり、

軍事的に全戦全勝だった満洲事変

「日本は侵略戦争をした悪い国だ」という価値観で、凝り固まっていた人たちです。

その末裔の歴史学者たちが、「占領軍が勝手に決めた、学術的に何の根拠もない用法は止めよう」などと言い出すはずがないのです。今でも「大東亜戦争」という用語を使えば「学術的ではない」と一刀両断にされ、「右翼」のレッテルを張られます。

たまたま私は自由にやらせてくれる師匠についたので、そうした学界の風潮と関係なく、自分が知りたいと思うことを研究できました。

では、なぜ私は満洲事変を選んだのか？

満洲事変で日本は軍事的に全戦全勝でした。ところが、外交的には完敗で、常任理事国の座を占める国際連盟を自ら脱退し、国際的孤立に陥ってしまいました。中華民国が国際連盟で「日本は侵略国だ」と訴え、日本は「我が国の主張が受け入れられない連盟などにはいられない」と出ていったのです。

世界史において、軍事的に全戦全勝でありながら、外交で完敗した例などあったのだろうか。そもそも、日本は侵略したと言われるが本当だろうか。

そこで、検証しようと思い執筆したのが、①の論文です。この論文の後半は内政なのですが、前半は国際法に基づいて「日本は本当に侵略したのか」を検証しました。

結論は、「侵略には当たらない」です。

この内容は、『国際法で読み解く世界史の真実』（ＰＨＰ新書、二〇一六年）でも紹介しておきましたので、ご参考にしてください。

と、ここまで読んで、「そうだ！　日本は悪くない！」と拍手喝采した方はいるでしょうか？

申し訳ないですが、あなたは騙されています。

最近は、「ネトウヨ本」というジャンルがあるらしく、戦後長らく「日本は悪い国だ」という価値観一色だった反動で、「日本は一切悪くない」という立場の本が売れています。

「ネトウヨ」とは「ネット右翼」の略で、インターネットで「日本は一切悪くない」という立場の主張に触れて共感し、ネットでそういう主張をしている著者の本を買うような人たちのことです。

まさに、「ネトウヨ」さんたちほど、騙されやすい人たちはいないでしょう。物事には、表があれば裏もある。一つの長所は、他の短所と裏表なのです。満洲事変で日本は侵略をしていない。それなのに、世界中に侵略をしていると思われた。中華民国のプロパガンダにしてやられた。ということは、日本の宣伝が絶望的に下手だったということです。それを検証したのが、②~④の論文です。どれくらい下手だったかは、『嘘だらけの日中近現代史』（扶桑社新書、二〇一三年）にエッセンスを記しておいたので、ご参照ください。

■プロパガンダとは、「政治目的を達成するために、自分の意思を他者に強要する宣伝手段」

本書では、他著で記した満洲事変の個別具体例ではなく、人を騙す手口であり、時に国を亡ぼす力をも持ちうるプロパガンダの方法論についてお話ししたいと思います。

そもそも、力には三種類あります。

武力、財力、知力です。

武力とは軍事力、財力とは経済力です。そして、それら物質力以外の力が、すべて知力です。知力とはその二つを使う力でもあります。プロパガンダは、知力の一つです。

戦時中に出版されたプロパガンダの本には、「鉄と金と紙」という表現が出てきます。極めて入手しにくい本ですが念のために出典を挙げておきますと、小山栄三『宣伝技術論』（高陽書院、一九三七年）二一四〜二一五頁です。同書によれば、鉄は軍事力、金は経済力、紙は宣伝力（プロパガンダ）のことです。とは言うものの「紙」には他にも、「外交力」「文化力」なども含まれます。現在の中華人民共和国は「世論戦」「歴史戦」「法律戦」を三戦と位置づけています。すべて、「紙」の力です。

私もかつては、「鉄は軍事力、金は経済力、これは簡単だが、紙をどう位置付けるか自体がその国の力を表す」と色々なところで書いたのですが、それぞれ武力・財力・知力とすれば説明がつくので、本書ではこちらの表現で話を進めたいと思います。要するに、プロパガンダとは知力に含まれる一つの武器なのです。

プロパガンダは「政治宣伝」と訳されます。単に事実を伝えるだけの広報（Public Relations　略してP.R.）とは違い、時にウソも混ぜます。しかし、嘘をつくことは本質ではなく、必要に応じて行われる手法にすぎません。だいたい、全部ウソなら、その人の話は誰も信じません。真実に嘘を混ぜる割合こそが、人を騙す秘訣です。

具体的に定義をします。プロパガンダとは、「政治目的を達成するために、自分の意思を他者に強要する宣伝手段」です。

プロパガンダもそうですが、そもそも政治において大事なことは、相手をコントロール（Control）することです。Controlは「強要」と訳します。自分の意思を相手に強要する、ということです。

そのわかりやすい例が、「反日プロパガンダ」です。すなわち「日本を貶め、日本を弱らせ、あわよくば滅ぼす目的で行われる政治宣伝」のことです。「満洲事変」「文那事変」「大東亜戦争」を悪い言葉だと信じ込ませ、日本人自らに「満州事変」「日中戦争」「アジア太平洋戦争」と言わせるように刷り込む。見事なまでの反日プロパガンダです。

満洲事変以降、日本人は国際的なプロパガンダ戦に負けっぱなしですが、敗戦後もやっぱり負け続けているのです。

本書は、そんな状態が嫌だという人のために書きました。負けないためには、負けた原因を分析することです。しっかり学んでいきましょう。

■「四面楚歌」は劉邦のプロパガンダ？イギリスはドイツをプロパガンダで打倒した

世界最古のプロパガンダは「四面楚歌」だと言われます。四面楚歌は、中国の前漢時代、紀元前一世紀頃に成立した史書『史記』の「項羽本紀」を出典とする故事成語です。その元になったエピソードは、紀元前二〇二年の出来事です。

当時、春秋戦国時代を終わらせた秦が滅亡して、西楚の項羽と漢王の劉邦が覇権を争っていました。項羽の軍隊は垓下というところに砦を築きますが、やがて敵の劉邦軍に囲まれてしまいました。

ある夜のことです。あろうことか砦の外から項羽の故郷・楚の歌が聞こえてきました。項羽は、我が国・楚の人間たちはみな敵に寝返ってしまったのか、と嘆きます。これが「四面楚歌」の由来です。

項羽は強大な軍事力を誇っていました。しかし、劉邦は軍事では連戦連敗だったけれども、四面楚歌というプロパガンダで項羽を追い込み、最後には勝ったのです。

劉邦は敗走しながらも項羽の部下たちを調略していき、味方を増やしていきました。そして、最後のトドメが、四面楚歌だったわけです。「四面楚歌」は今でも孤立無援の代名詞として使われています。

三十年戦争の虐殺を描く『戦争の惨禍』

しかし実際のところ、ここまでの成功例は稀です。「調略」にしても「宣伝」にしても、普通は軍事力や経済力の裏付けがなければ効きません。「言葉を使って人に言うことを聞かせることとすべてがプロパガンダである」という点で考えれば、プロパガンダというものは人間が社会を作った時にはすでに存在していたと言えます。四面楚歌の場合はあまりにもうまくいった事例なので、歴史に残っているのです。

時代は下り、近代プロパガンダの原点はヨーロッパにあります。プロパガンダ（Propaganda）という言葉自体が出来上がるのは、三十年戦争の時代です。

三十年戦争とは、一六一八～四八年にヨーロッパで起こった大戦争です。それは、カトリックとプロテスタントの宗教戦争でもありました。その最中、一六二二年にローマ教皇グレゴリウス十五世は「異教徒を改宗させる宣教委員会（Congregatio de Propaganda Fide）」という組織を創設します。「布教聖省」とも訳されるこの組織は、その名の通りプロパガンダを通じてカトリックの布教を行なっていました。このように自分の意思を物質力以外の手段を使って人に強要・コントロールするのがプロパガンダであり、それを体系化したのが三十年戦争の時代のカトリックでした。

こういう背景を知ると、近世において生まれ発達してきたプロパガンダには、「相手の心を支配しよう」というニュアンスが強いことにお気づきでしょうか。

さらに時代は飛んで、近代プロパガンダが登場するきっかけとなったのが一九一四年に始まる第一次世界大戦です。この大戦は一九一八年に終結します。俗に、イギリスはドイツをプロパガンダで打倒したと言われています。

イギリスがドイツに勝利するにあたってプロパガンダの役割がどれだけ大きかったのか、あるいは実は小さかったのか、というのは今後の研究如何です。しかし、プロパガンダが極めて重要な補助手段であったこと自体は、間違いのないことなのです。

第一次世界大戦のプロパガンダがそれ以前のものと何が違うのか、どこが特徴的かということを説明しましょう。

まず、第一次世界大戦は総力戦でした。総力戦とは、「相手の総力を潰すまでやる戦い」のことです。第一次世界大戦以前も、大国が小国に対して総力戦のように相手の存在を潰してしまうまで戦うことはありました。相手国を植民地にするという行為もその一つです。植民地にされる国とは、すなわち国の資格がない国のことでした。逆に言えば、そんなことをされないでいることが主権国家の条件だったわけです。

ところが、第一次世界大戦と、続く一九三九～四五年の第二次世界大戦では、大国なのに総力を潰されてしまう国が、結果的に四つ出ました。ドイツ帝国、ハプスブルク帝国、ナチス第三帝国、大日本帝国、です。

大日本帝国の話は後ほどいたしましょう。プロパガンダというテーマにおいて注目すべきなのは、第一次世界大戦においてイギリスがドイツ帝国に対してプロパガンダを仕掛けた、という点です。

当時、イギリスに新聞王・ノースクリフ卿という人がいました。大量販売の大衆朝刊『デーリー・メール』や世界初の写真入り新聞『デーリー・ミラー』の創刊と成功、『タイムズ』の買収などで知られています。

このノースクリフ卿が、イギリスの対敵宣伝秘密本部クルーハウスの委員長を務めていました。ノースクリフ卿が尽力して連合軍総司令部によって禁止されていた飛行機によるリーフレット散布を解除し、リーフレット投下大作戦を開始したという話が、池田徳眞『プロパガンダ戦史』（中公新書、一九八一年）に紹介されています。ちなみに著者の池田氏は、江戸幕府第十五代将軍・徳川慶喜の孫だそうです。

池田氏は次のようなイギリスのプロパガンダも紹介しています。

イギリスが、対敵宣伝ではないが、一九一八年春ごろに世界に向けて宣伝して世界の人を身ぶるいさせた死体製油工場 Kadaver Werks の話がある。ドイツは窮乏して、

人間の死体を搾って油をとり、シャボンを作っている、というのである。これが、平時であれば、「ばかをいうな」と一言で否定されるであろうが、この場合はそうではない。四年間の戦線の膠着で、何ともいいようのない重苦しい空気がヨーロッパ人の心を支配していたし、ドイツ人の国民生活もこの一大消耗戦のために極端に疲弊し、絶望的になってきたときであった。

クルーハウスの謀略派宣伝家たちは、例外的にはこのように、ニュースなどぜんぜんないのに、全部創作するようなこともするのである。

池田氏は、プロパガンダには三つの方向性がある、としています。

第一は、対内プロパガンダです。自国内・自国民・味方に向けてのプロパガンダで、戦意高揚が目的です。プロパガンダと言われてまず日本人が考えるのはこのプロパガンダです。第二次世界大戦中の「撃ちてし止まむ」のスローガンが代表的なものでしょう。『古事記』『日本書紀』に収録されている、東征の際の神武天皇の御製（天皇が作った詩文や和歌）が出典です。「敵を撃たずにおくものか」といった意味です。しかし、味方を戦いに動員するのはできて当たり前で、プロパガンダの内には入りません。

戦時中の日本と言えば、「大本営発表」が有名です。敗色濃厚なので、嘘の戦果で国民を騙し、戦意高揚を図ったのです。ものすごく後ろ向きです。これが達成されたから何になるのか、という似非プロパガンダです。現に国民を騙しただけで、何の意味もありません。

第二は、中立国に対してのプロパガンダです。第一次世界大戦時、アメリカは中立の立場をとっていましたが、イギリスの執拗な勧誘に応じて、一九一七年に参戦します。連合国の勝利はアメリカ参戦から一年半後ですから、アメリカを引き込んだことが勝因のすべてではありません。しかし、英仏連合軍とドイツの死闘は膠着状態になっていましたから、アメリカを引き込んでいなければ、イギリス・フランスは負けていても不思議はありません。ドイツの悪逆非道さを強調し、孤立政策を採っていたアメリカを連合国に引き込んだことは、対中立国プロパガンダの成功事例です。

ドイツはプロパガンダで敗れた

第三が、敵に対するプロパガンダ、対敵宣伝です。戦争は、意思と意思との闘争です。対敵宣伝とは、相手の意思そのものを砕くプロパガンダです。その効果として明らかなことに、ドイツは最後には自滅します。

前掲『プロパガンダ戦史』によれば、ドイツ軍崩壊最後の六ヶ月間にドイツ軍の前線および後方に飛行機と気球から投下されたリーフレットは一八三〇万枚に及びます。文面は比較的長いもので、時のドイツ皇帝ウィルヘルム二世とその一族を戦場に引っ張り出せ、といった扇動を行っていました。

最終的には一九一八年十一月にドイツ国内で革命が起き、ウィルヘルム二世は退位、ドイツ共和国臨時政府が成立します。ドイツを自壊に追い込んだのです。

対内プロパガンダはできて当たり前。裏を返せば、対敵プロパガンダはできなくて当たり前です。

だから、プロパガンダ戦の鍵は対中立国プロパガンダです。

満洲事変の中華民国は、そこに絞って成功しました。

第一次世界大戦のイギリスはその上をいっており、至難な対敵プロパガンダに成功しました。戦況のバランスが崩れかかる一瞬に大量のプロパガンダを投じ、敵を自壊に追い込む。総力戦の時代に、近代プロパガンダが登場したのです。

■「鬼畜米英」なんぞ誰も信じていない！ 大日本帝国のお粗末プロパガンダ

相手の総力を潰す、総力戦の時代。我が大日本帝国は二つの大戦を通じて、どのようなプロパガンダを展開していたでしょうか。

第一次世界大戦においては、ドイツに宣戦布告はしたものの、イギリスが望むような参戦は行わず、半分中立国のような扱いをされていました。

前掲『プロパガンダ戦史』に、一九一六年に丸善株式会社が発行した、ロバートソン・スコットというイギリス人が著した『是でも武士か』という本が紹介されています。ドイツが行っているとする残虐行為を羅列し、「日本人は武士道の精神をもっているが、ドイツ人は武士ではない」という議論に誘導する本です。池田氏は、日本人の武士道と大和魂を称揚して「ドイツ人は武士か？」という疑問に日本人自らに答えさせるように構成してある、としています。結論は相手に考えさせるというのがイギリスのプロパガンダの特徴でした。そうして自らが望む方向に相手の結論を導き、味方につけていくのです。

もっとも、開戦初頭でイギリスは参戦要請と取り消しを二度繰り返すという失態をしていますから、この程度のプロパガンダでは日本の不信を払拭できませんでしたが。どんな上手いプロパガンダも、あくまで補助手段にすぎないのです。

第二次世界大戦では、日本は英米を敵に回しました。その時のスローガンが「鬼畜米英」です。自分も信じていないような、単なる悪口を言っているだけでした。しかも、これは対内宣伝のキャッチコピーです。国民の英米への反感を募らせるには効果がありましたが、それで戦争の勝利に結びつく訳ではありません。

日本も一応、連合国軍向けのプロパガンダ放送を行いました。しかし、それは「兵士の皆さん、お国で待っている奥さんは浮気をしていますよ〜」レベルの放送です。こちらの戦況が芳しくない中でこんなことをやっていても、敵の士気を挫くには至りません。担当の匿名女性アナウンサーが「東京ローズ」と名付けられて、笑いものになったりしました。

総力戦においては、相手国を軍事占領してからが本番です。日本は直接、軍事占領されました。つまり、日本においては一般的に「終戦」と認識されている一九四五年八月十五日からが総力戦の本番なのであり、占領期は平和な時代ではなく、戦争の真っ最中なのです。

ＧＨＱ（General Headquarters of the Supreme Commander for the Allied Powers／連合国最高司令官総司令部）の占領政策は対敵プロパガンダそのものです。「民主化」と称して日本弱体化を推し進めました。その結果、多くの日本人が、占領期を「平和な時代」と思い、占領政策を「ＧＨＱは日本にいいことをした、ＧＨＱにより日本は民主化された」と思うようになったわけですから、大成功です。

■「どうなるか」ではなく、「どうするか」——「中大生を救う会」かく戦えり

プロパガンダの基本は意思です。「どうなるか」ではなく、「どうするか」です。「どうなるんだろう」とか、「どうなっているんだろう」と考えることも必要ですが、それはあくまでも「どうするか」を考える途中経過です。常に、「どうするか」という意思がなければいけません。

たとえば、消費税増税はするんですかしないんですか、安倍首相は憲法改正するん

ですかしないんですか、などと質問している限りは永遠に騙されるだけです。

テレビや新聞やネットでニュースを見るときであってすら、自分の意思というもの、特に自分の生活に関係があると思えるか否かで、騙されるか騙されないかは大きく変わってきます。

私の体験談をお話ししましょう。小著『反日プロパガンダの近現代史』（アスペクト、二〇一四年）で一度だけ書いたことがある、「蓮池薫さんを奪回する会」の話です。私を含むたった三人の若者が、北朝鮮に拉致された人を奪還しようと本気で戦いました。

プロパガンダとはどういうものか、また、情報はどのように収集すべきか、情報はどのように通達あるいは拡散すべきかといったことがおわかりいただけるので、五年前には書かなかった話も含めてご紹介したいと思います。


ある日、ひょんなことから、「弟が北朝鮮に拉致されたらしいけれどもどうしたらいいかわからない」という方にお会いしました。蓮池透さんです。蓮池薫さんのお兄さんです。そこで「お気の毒ですね」で済ますか、「では、お手伝いしましょう」となるか、意思により選択肢が変わります。

一九九八年四月二十五日、新宿の京王プラザホテル一階のレストラン「樹林」で、私たちは「北朝鮮に拉致された中大生を救う会（略称：中大生を救う会）」を結成しました。

どうでもいいことですが、格闘家の前田日明氏がパンクラスの尾崎允実社長（当時）の胸ぐらを掴む事件が起こった場所です。

蓮池薫さんは一九七六年に中央大学に入学し、在籍中の一九七八年に拉致されました。拉致された後、八年生の時まで学費を払い続け、除籍となっていました。そこで我々は「もし蓮池さんが帰国したときは、学籍を回復してほしい」と中央大学に訴える活動を始めたのです。

「中大生を救う会」のメンバーは、フリーターと大学院生（私）と大学五年生（二回目の四年生）の三人です。独自に北朝鮮と戦争をするとか、国家元首の息子を拉致してきて人質交換するなどといったこと（武力）はできません。そもそも資金（財力）がありません。したがって武器はただひとつ、プロパガンダ（知力）でした。

■北朝鮮拉致との闘い、戦術目標は「問題の周知徹底」

もちろん、いきなり蓮池薫さんを取り返すことはできません。私たちは勝利条件、つまり「取り返すためにはどういう条件が必要か」を考えました。

日本の意思はアメリカと中国の関係で決まります。当時、アメリカの大統領はビル・クリントンでした。日本の親分は残念ながら、江沢民と大の仲良しという人物だったのです。一方、江沢民は当時の北朝鮮最高指導者・金正日の親分でした。

私達は、「アメリカ大統領がクリントンのうちは駄目だろう」と分析しました。当時日本の政治は竹下派の支配下にありました。竹下登という人はウルトラ親中です。しかし、日本の親分のアメリカのクリントンが親中なので、竹下の親中がまったく問題になりません。むしろ、それによって竹下の「闇将軍支配」が成立していたのです。

ビル・クリントンと竹下登、この二つの条件があるかぎり拉致問題が解決することはありません。

では、それが動くのはどういう時でしょうか？

アメリカに反クリントン、反民主党の共和党政権ができて親日状態となり、それに呼応して日本に非竹下政権ができる時ということになります。これが勝利条件です。

ここで我々は、「ならばそれまで寝て待とう」とは思いませんでした。「その日までに、できることをやろう」と決めました。クリントンと竹下が健在のうちにできることとは何か？

「北朝鮮拉致問題」の周知徹底をはかることにしました。

当時、北朝鮮は知名度ゼロでした。「なんだかよくわからない国」という印象すら巷にはありませんでした。たまに知っている人がいても、「なんか怖そうだから関わりたくない」という具合です。

異常な個人崇拝でおなじみ北朝鮮

金日成が核武装するだのしないだのと言っていたのがその数年前、という時期でした。北朝鮮は一九九三年に核兵器不拡散条約を脱退し、翌年には国際原子力機関（ＩＡＥＡ）も脱退して核開発の査察拒否を表明していました。北朝鮮が起こした拉致事件というふうに聞けば、まずは関わりたくない、と思うのが普通の感覚でした。
今では信じられないですが、ニュースでも「北朝鮮、朝鮮民主主義人民共和国」と必ず正式名称を言わねばならない時代でした。当時、「北朝鮮拉致問題」という言葉を使っただけで「右翼」「過激派」「アブナイ人」呼ばわりされました。「北朝鮮拉致疑惑」としか言えない状況でしたし、そもそもニュースで拉致が話題になるなどありえませんでした。

ですから、当時の我々にとっては、北朝鮮拉致問題を日本中に周知徹底するということが一つの目標になります。これは戦術目標です。アメリカに反クリントンの共和党政権ができ、日本に非竹下政権ができるという勝利条件が揃えば拉致被害者は奪還できる、という戦略目標に基づいての見立てです。

北朝鮮拉致問題を日本中に周知徹底するためにはどうしたらいいでしょうか。突破口はどこか。自分にできることは何か。私たちは、中央大学の学生たちに周知徹底する、ということを始めました。

まず中大生に、「蓮池薫という、二十年前北朝鮮に拉致された先輩がいる」と知らしめることが大切です。

当時の中央大学には、校舎に入るために必ず通らなければならないトンネルがありました。一〇〇メートルほどのトンネルの両脇の壁に、蓮池さんの白黒写真をズラリと並べて貼り付けました。私ともう一人のメンバーとで貼りました。トンネル内は暗くて怖いのです。インパクトは抜群でした。

さすがに蓮池さんの写真を剥がしたり、上からサークルのポスターを貼ったりすれば、人でなし、という話になります。周知徹底は実現して、「どうやら拉致被害者がいるらしいぞ」と都市伝説のように中大に広まりました。

当時の中大法学部長は話のわかる人でした。蓮池さんの復学については「法学部なのであんまり法律的に無茶なことはできませんが、結論としては当然認めます」と言ってくれました。実のところ、蓮池さんの復学についての交渉はかなり時間がかかるかなと思っていたのですが、一瞬で終わりました。拍子抜けしたほどです。

本来ならば、ここで中大生を救う会は解散しても良かったのですが、半年ほどは家族の方の活動をお手伝いしました。

■「人権」は朝日新聞とアメリカ民主党が逆らえない魔法の言葉

「十三歳の時に拉致された、横田めぐみさんという方がいらっしゃいます。めぐみさんのご両親が何回か引っ越しをしているので、もし手紙が届いたら、例外的にいつでも必ず転送してほしい」ということを郵政大臣にお願いに行ったこともあります。一発でOKしてくれました。当時の郵政大臣は野田聖子さんで、「当然ですよ、事が事ですし」と言う実にマトモな人でした。当時は。

このように我々は、あの手この手で大義名分を作り、お願い事に伺うという形で拉致問題の存在を各方面に広めていきました。要するに、ロビー活動を行ったわけです。あれやこれやと。

その中で強調したのは、「拉致は人権問題である」というメッセージです。

救う会の大半は保守の人なので、「これは国家の誇り、主権の問題だ」と言いたがっていました。そういう言い方をすることで、保守の活動を広げようとしていた人もいました。中には、拉致被害者を取り返すよりも、保守活動の方が目的のような人までいました。そんな目的など、中大生を救う会は無視です。「邪魔だ！」と、切って捨てていました。我々の目的は蓮池さんを取り返すことであり、保守活動が広がろうが何だろうが、関係ないのです。それに「国家」と言うと反発する人もいますし、「主権」と言われてもピンときません。

我々中大生を救う会は、現代の価値観で普遍的とされている「人権」の方を強調しました。「国家」「主権」は封印し、そういう言い回しが好きな人と話す例外的な場合だけ使っていました。

むしろ、朝日新聞とアメリカ民主党が逆らえない、彼らを味方につけるような動き方をしなければならないと考えていました。

プロパガンダは、「弾丸よりキャッチコピー」です。

優れたキャッチコピーは、ミサイルのような威力があるのです。数年後、ヒラリー・クリントンが横田さんの話を聞き、涙ながらに「これは人権問題だ」と訴えていた時は、「かかったな！　ヒラリー‼」とほくそ笑んだものです。

アメリカ民主党は親中ですが、親北ではありません。また、旦那のビル・クリントン大統領だって、「北朝鮮による拉致被害者をどうすべきか」と問われて、「国家のあらゆる力を使って取り返す。もし生きて帰れなかったら、その人が死んだ場所にお墓を建て、なぜその人がその場所で死ななければならなかったのかを墓碑銘に永遠に刻む」と答えていました。

アメリカ民主党にも、建前は通じるのです。

しょせん建前でも、されど建前なのです。言葉は武器、知力の使いどころです。アメリカが軍事力や経済力を使って北朝鮮に圧力をかけてくれたらありがたいですが、その前に拉致問題でこちらの味方に引き込む必要があります。言葉の力で。だから、「拉致は人権問題である」と繰り返したのです。

ただ、このキャッチコピーが生まれたのは、偶然でした。

ある日、朝日新聞の記者が「蓮池透さんに会いたい」と取材の申し込みをしてきたのですが、電話での態度が失礼だったとのこと。仲間が「どうしたら良いか」と相談してきた時、私は寝ぼけ眼だったのですが、こう即答したのを覚えています。

一、絶対感情的になるな。
二、絶対、反論するな。
三、政治的ではない。むしろ自民党が冷たい、
四、人権問題であると主張せよ。
五、国家の誇り、主権という言葉は使うな。
六、論争になりそうになったら「関係ない」と言い張れ。

仲間の相談の電話を切った後、即座に自分で言ったことを筆記したので、今でもこうして正確に公開することができます。私は中大生を救う会で「倉山六原則」と名付け、徹底しました。

■「署名じゃ、人は返ってこない！」

いつになったら、事態は進展するのだろう。展望も何もないままですが、やれることを続けていました。

蓮池さんのお父さんの秀量さんはお習字の先生でしたから、その達筆で色んな人に手紙を書いてもらいました。自筆の手紙のインパクトはあります。ただ、やみくもにご家族の手を借りるような真似は避けました。こちらで明確な目標を決め、心を込めて書いてもらう。その方が相手に伝わりますから。文章の原案を考えるのは、私の役割でした。

ちなみに、秀量さんと透さんは我々に会う前、毎週日曜日は街頭に立って署名集めをしていました。一日で十人も署名してくれたら多い方で、それどころか明らかに朝鮮系の人が通りかかると、看板を蹴るなどの妨害にあったそうです。あげくは、雨の日に一日中、ご老体の秀量さんが署名集めをして体を壊したこともあったそうです。

それを聞いて私は一言、「署名じゃ、人は返ってこない！　金正日が返したくなるようなやり方をとるべきだ！」と言いました。

そうこうしている間の一九九八年七月。参議院選挙で自民党が、まさかの大敗を喫します。七十議席は確実という声もあった中で四十四議席しか取れずに、橋本龍太郎内閣が吹っ飛びました。「闇将軍」竹下登は、すぐに子飼いの小渕恵三に首相の首を挿げ替えようとします。陣頭指揮を執るのは、親北朝鮮派で知られた、野中広務でした。

この流れに異を唱えて派閥を飛び出し、総裁選挙に出馬したのが梶山静六です。梶山は見事に粉砕されるのですが、当選した小渕の二二五票に対して一〇二票の大善戦。のちの総理大臣小泉純一郎の八四票を超えました。まだまだ竹下の力は強かったのですが、「もしかしたら、意外と近いうちに転機が来るかもしれない」という直感がしました。

四月に活動を始めてから半年、蓮池さんの学籍回復運動も初動で目的を達成したし、あちこちに「北朝鮮拉致問題」の存在を知らしめることにも成功しました。私も活動家ではないのでそこで手を引き、以後は単なる一国民としてニュースには注意を払うようにしていました。どのニュースを見ても、「この動きは蓮池さん奪還に近づくのか、遠のくのか。どうやったら、近づけられるか」と意識しながら。

翌一九九九年十月、内閣改造で野中広務は官房長官から退きました。後任の官房長官は、青木幹雄でした。

青木官房長官！

この第一報を聞いた瞬間、脳裏に「神か？　悪魔か？」との言葉が浮かびました。そして、「もしかしたら、蓮池さんが返ってくるかもしれない……」とも。

今にして思えば、この時に蓮池さんが返ってくる可能性はそれまでのゼロに等しい値から、五〇％くらいに跳ね上がったと思います。当時は何が起きているかわかりませんでしたが、何かの異変が起きていることだけはわかりました。

■異常事態、参議院議員「青木幹雄」官房長官就任

そもそも、参議院議員が官房長官に就任するのは、異常事態です。第一次海部内閣における森山眞弓以来二人目になります。ただ、森山の場合は、前任の官房長官が女性スキャンダルで辞任したところに、環境庁長官から横滑りしただけです。選挙が迫っていた時期の緊急避難的な人事であり、女性スキャンダルで傷ついた内閣のイメージを、女性閣僚の力で取り戻そうとしただけですから。青木の場合とは、明らかに違います。

青木の経歴を見れば、尋常ではない人物だとわかります。学生時代は早稲田大学雄弁会に所属し、学生結婚。在学中から竹下の秘書になった後は、島根県議、参議院議員と、「バッジをつけた秘書」として生きていきます。こうした経歴は、私が大学時代に弁論部員で、弁論部（雄弁会）出身の政治家の経歴を知っていただけですから、特に裏情報ではありません。この程度の情報は、大下英治『実力政治家を輩出する「早大雄弁会」の研究』（PHP研究所、一九八八年）にも載っています。

後から知りましたが、政界では野中と青木は竹下の「裏の側近」と目されていまし

た。首相になった橋本や小渕、あるいは反旗を翻した梶山静六や小沢一郎が「七奉行」と呼ばれる「表の側近」なのに対し、野中・青木の二人は目立たないところに位置するから「裏の側近」です。「真の側近」と言い換えてもいいでしょう。ちなみに、他の七奉行は、羽田孜・渡部恒三・奥田敬和です。

竹下派が跡目争いで、橋本・小渕・梶山vs.羽田・小沢・渡部・奥田に分かれた時、衆議院は小沢の工作が功を奏して羽田派が過半数を引き連れました。しかし、竹下の意を受けた青木の力により、参議院のほとんどは小渕派に流れました。結果、小渕派の方が多数で、羽田派は竹下派のみならず自民党からも追い出される羽目に陥りました。

ここで、先の「蓮池さんが返ってくる条件」を思い出してください。竹下闇将軍支配の構造が崩れるとしたら……。

青木が野中と同じく親中親北の人間であれば「悪魔」ですが、もしかして青木が竹下に対して面従腹背、つまり腹に一物のある人間だったら、これは拉致問題が動くかもしれない、ということです。要するに、蓮池さんを取り返してくれる「天使」かもしれないと考えたのです。

そうこう考えている内に、竹下が二〇〇〇年に死去しました。前年の「青木官房長官」

は、竹下が病気で弱っていたので、自分の最側近を内閣に送り込んで、影響力を保持しようとしたのだとわかりました。首相の小渕恵三もその一月前に死去してしまっていました。

後継の首相は森喜朗ですが、「野中幹事長・青木官房長官」の枠組みは維持します。表向き、この三者はがっちりスクラムを組んでいました。しかし、新聞を子細に眺めていると、野中と青木のどちらが竹下後継の闇将軍となるかで争っているような動きが見て取れました。当時は六大紙よりも、『夕刊フジ』『日刊ゲンダイ』のようなタブロイド紙の方が、政界の奥の様子を伝える記事が多く載っていました。

そして、森派会長の小泉純一郎が野中を公然と批判し始めたことで、権力闘争があからさまになっていきます。

青木はどちらにつくのか？

不人気だった森内閣の後継を選ぶ選挙は、事実上、小泉と野中の権力闘争でした。ここで青木は、表向きは「派閥の結束」を言いながら、露骨に小泉を支援します。

結果は小泉の勝利。青木は「参議院のドン」として小泉内閣で重用され、野中は反主流派に追いやられました。

こうして親中派の凋落が決定的となります。

小泉は親米派で有名でしたから、その味方の青木も自動的に親米派です。アメリカの方でも、民主党クリントンの後継大統領は、共和党のジョージ・W・ブッシュとなりました。

ここに、拉致問題解決の条件が揃います。クリントンも竹下も消えてくれました。小泉内閣成立から一年後の二〇〇二年九月十七日、小泉首相は金正日に日本人拉致問題を認めさせただけでなく、謝罪させ、蓮池さんら五人の被害者を取り返してくれました。五人とその家族しか返ってこないのは残念極まりありませんが、中大生を救う会としては、「これしか方法がない」という結論でした。

■考える素材は裏情報ではなく公開情報

青木幹雄のすごいところは、自分がなぎ倒した政敵と平気で仲良くできることです。野中側近だった古賀誠など、小泉・青木ラインに抹殺されんばかりの圧迫を受けていましたが、青木と古賀はいまだにしょっちゅう会合をしています。むしろ、叩きのめした相手からすり寄ってくるような感じです。並大抵の処世術ではありません。言い方は悪いですが、人を騙す達人です。

小泉内閣は発足半年で、九・一一テロと続くアフガン戦争に直面します。当時、ケニー鍋島原作・前川つかさ作画の『票田のトラクター』(小学館ビッグコミックスにシリーズ掲載、一九八八〜二〇〇三年)という漫画がありました。登場人物は別名ですが、モデルはあからさまでした。政界中枢の情報を惜しみなく描いているので、人気作でした。

この漫画で、小泉と青木は同じ「大蔵族」として描かれています。政官界では周知の事実でしたが、一般にはあまり知られておらず、ここで公開情報になるわけです。作中では野中広務との権力闘争で、財務省が小泉・青木を支えるという描写があります。

それはいいのですが、九・一一テロと続くアフガン戦争のところでは、小泉内閣を明確なアメリカ支持に持っていく立役者として青木を描いてしまいました。すると、その翌週から作品の生命線である特一級の情報が皆無となり、ほどなくして連載は打ち切りになりました。

「青木幹雄は政策のわかる愛国者である」という情報が世に広まると、不都合な人がいるのです。もちろん青木その人しかありえません。

権力と利権にしか興味がない政争屋だと思われることにより、立場の異なる人の警戒を解けるのです。あらゆる政策には、それで利益を得る人と不利益を被る人がいます。青木にとって、自分の利権にかかわる政策以外には興味がないという態度こそが、かつてなぎ倒した政敵とも平気で仲良くできる武器なのです。プロパガンダを身にまとったような人です。

それがあからさまだったのが、二〇〇三年の自民党総裁選挙でした。小泉首相は、野中、古賀、それに亀井静香といった人たちを「抵抗勢力」と位置づけ、マスコミを使って徹底的にバッシングすることで自派の権力基盤を固めていました。

これに業を煮やした野中と古賀は、対抗馬に亀井を担ごうとしたのです。青木が乗れば、小泉を降ろせます。

青木はギリギリまで亀井擁立の謀議に参加しながら、突如として小泉支持を表明します。この瞬間、小泉再選は確定、亀井の勝利は潰えました。怒った野中は引退を表明します。この時、青木を指して「毒まんじゅうを食らった」と評し、流行語大賞を受賞しましたが、はっきり言ってただの負け惜しみです。

小泉純一郎自身、抵抗勢力などと強調しながら、青木幹雄と組んでいる限りは自民党の過半数を抑えられることを熟知しているのです。そのため、政権存続中、青木の言葉にだけは耳を傾け続けました。

■実力者に騙されないために気を付けるべき二つのコツ

前節でお話ししたことは今となっては歴史の話ですが、私の評価はリアルタイムでも同じでした。逆に、実際に当事者に取材した人たちは、見立てを大きく外していました。なぜなら、「当事者が全部本当のことを言うはずがない」からです。現在進行形のうちに手の内を明かす人は、よほどの愚か者です。政治家にとって、新聞記者など道具なのですから。実力政治家は、腹心の新聞記者を使って自分に有利になるように情報を流します。

では、騙されないためにはどうすべきか。

ポイントは二つあります。

一つは、情報の基礎を公開情報に置くことです。「カクカクシカジカと○○に書いてあった」という事実には間違いがありませんから。

もう一つは、客観条件を見抜くことです。たとえば、当時の小泉首相は表向きこそ「脱派閥」「自分は無派閥だ」と言っていましたが、その支持者は百人いました。実数で言うと最大派閥です。それに参議院のドンである青木の勢力を加えれば、当時の自民党の過半数を占める勢力なのです。にもかかわらず、野中、古賀、亀井といった実力者の名前を敵対派閥として並べることで、さも自分が包囲されているように世間に対して演出しました。しかし、それは自分の勢力を確保した上での演出なのです。本当の劣勢ではありません。

去年の自民党総裁選でも、「小泉進次郎が敵に回れば安倍再選あやうし！」と言われましたが、安倍首相の出身派閥である細田博之派に麻生太郎と二階俊博の三派が組めば、過半数なのです。その状況で進次郎氏に何ができるのでしょう。

実際に永田町を取材していると、「小泉進次郎の動きが怪しい」というような情報に出くわします。でも、そうした生情報に頼りすぎ、特に自分が入手した裏情報を絶対視すると必ず間違えます。たとえば、「信頼できる○○さんが、進次郎の決起で安倍内閣は終わりだと言っていた」という類の情報を妄信した人は、哀れでした。どうやったら三派連合を切り崩せるのか、その「信頼できる○○さん」が言っていないのに、信じている。そんな胡散臭い情報よりも、「安倍は、麻生と二階を敵に回さない限り安泰」という客観条件を押さえる方が重要です。それが、騙されないコツです。

そうした哀れな状態にならないために、情報のプロは、情報を収集する人と情報を分析する人を分けています。本質的に、人間はそのどちらかしかできないと認識しておくべきです。

情報を取ってくる人は、相手に警戒される人であってはだめです。時には相手に侮られなければいけません。また、学会のようなアカデミックの世界であれば通用するであろう、「百点満点でなくてもいいから致命的な失敗を避ける」というスタンスでは仕事になりません。一見優秀そうに見える「高得点は取れないけど、失敗率はゼロ」みたいな人ではダメです。失敗してもいいから、時にガゼネタつかまされてでも特ダネを取ってくる。そんな人でなくては、情報収集はできないのです。

情報収集とは騙し合いです。「コイツはこんなこともわかっていないのか……」と思われなければいけない時もあります。かと言って「ホントにわかっていないな」と思われたら情報をもらえない場合もあります。そのあたりの駆け引きが難しい、勝負事なのです。

■政権の安否を測る指標、青木率のデマ

青木幹雄にまつわるデマで、「青木率」というものがあります。青木自身が唱えた、政権の安否を測る指標です。

この青木率はよく、「内閣支持率と政党支持率を足して一〇〇％を切ったら駄目だ、危険水域だ」などと説明される場合がありますが、嘘です。与党が内閣を作る以上、内閣支持率と政党支持率は比例しますから。

青木幹雄が言ったのは政党支持率ではなく「党内支持率」と内閣支持率との合計であり、「その合計が一〇〇％を切らないうちは、政権は大丈夫だ」という「青木の法則」を唱えたのです。内閣支持率＋政党支持率というニセ青木率は、数学で政治を分析する自称学者によって流されましたから、信じた人もいるでしょう。タチの悪いことです。

内閣支持率と党内支持率は、えてして反比例します。内閣支持率とは外面の評価、党内支持率は同僚の評価ですから。

「内閣支持率と党内支持率を足して一〇〇％を切らなければ安心だ」という「青木の法則」は、少し考えればわかる簡単な話で、国民の過半数と党内の過半数をおさえているから安心なのです。それが一〇〇％を切った時には警戒しろということになります。どちらかの過半数が敵だということですから。

「青木率とは内閣支持率と政党支持率を足したものだ、これが一〇〇％を切らなければ政権は安泰だ」というデマに私が騙されなかったのは、歴史を知っているからです。

一九七五年から翌年にかけて起こった「三木おろし」を見ればわかります。時の内閣総理大臣・三木武夫は党内で倒閣運動を起こされました。

この時、「国民の七割が三木内閣を支持しているのに、自民党の七割が三木内閣を下ろせと言っている」と言われました。足すと一〇〇％ギリギリ（内閣支持率七〇％、党内支持率三〇％）です。だから、三木おろしの攻防は、三木が総選挙敗北の責任を取って辞めるまで、一年も続きました。

勉強嫌いで知られた小泉首相も、三木の軍師だった松野頼三を師と仰ぎ、総理在任中も月に一度は教えを受けていたそうです。

歴史は知恵の宝庫、騙されないマニュアルがつまっています。

第一章

三河武士団はプロパガンダの名人だった

■プロパガンダ合戦だった戦国時代

いつの時代も、日本人は常に騙されやすい、お人よしだったのでしょうか。違います。

「これだから日本人は〜」と言われる場合、だいたいが日露戦争（一九〇四〜〇五年）以後の平和ボケした日本人です。それ以前の日本人は、そんなことはありません。明治の人たちは帝国主義の時代を生きていましたから、日本を出し抜き支配しようとする外国と戦っていました。

帝国主義の時代とは、「世界中が戦国時代」です。

つまり、自分が賢く強くなければ、滅ぼされる時代なのです。

そこで、現代に生きる我々は、戦国時代の日本人に「騙されないコツ」「生き残るコツ」を学べばよいのです。本章で主に取り上げるのは、戦国の覇者・徳川家康（一五四二〜一六一六）です。最後に勝ち残った人ですから。

家康の生涯を簡単にまとめると、次のようになります。

徳川家は常に大国に挟まれ、結束して戦わねば生き残れない環境にありました。家康と家臣団は、いつしか「三河武士団」と呼ばれるようになりました。

徳川家の前身である松平家は三河国（愛知県東部）の土豪でしたが、家康の祖父・清康の時代に周辺の土豪を束ね、戦国大名になります。しかし、その清康は二十四歳で戦死、幼かった子の広忠（家康の父）は辛酸をなめます。

三河は、西に尾張（愛知県西部）の織田家、東に駿河・遠江（伊豆以外の静岡）を束ねる今川家に挟まれ、広忠の時代は今川家に従属して生きていくことを選択します。幼い家康も駿河に人質として送り出されました。

いまだプロパガンダ成功している
神君家康

しかし、広忠が暗殺されたのを機に、松平家は今川家に完全併合されます。そして、あらゆる戦で先陣を申し付けられ、今川の鉄砲玉として、あるいは盾としてコキ使われることとなりました。

松平家の男の子は家康一人。家康が死ねば、その瞬間にお家滅亡です。家臣たちは必死に戦いました。

その今川家が桶狭間の戦いで織田信長に敗れ、当主の義元が戦死するや、松平家は今川の支配から独立。織田家と同盟を結ぶこととなります。家康は律儀に信長が死ぬまで織田家との同盟を守り、苦しい戦いを耐え抜きました。

一方、今川家に代わり東方の脅威となったのは、甲斐（山梨県）の武田信玄です。信玄は、織田・徳川の両家とははじめは友好関係にありましたが、突如として裏切り、信長と家康は、信玄の子・勝頼の代まで苦しめられることとなります。

天正十（一五八二）年の本能寺の変で信長が死ぬや、天下統一直前の戦国日本は再び大乱世に突入します。

家康は新たに東方の脅威となった北条氏と対峙せねばならず、さらに信長死後の混乱に乗じて一気に信長の後継者の地位に躍り出た羽柴（豊臣）秀吉の圧力にも苦しめられます。

その後、小牧長久手の戦いで秀吉に勝利した家康ですが、国力差は埋めがたく、秀吉に臣従を誓うことになりました。やがて家康は、天下人となった秀吉に国替えを命じられ、祖国の三河や命がけで勝ち取った駿河・遠江・甲斐・信濃（長野県）の合計五か国を取り上げられ、辺境の関東に移されます。

新たに本拠地とした江戸は、当時は荒れ地でした。しかし、家康は、そんな荒れ地に今の東京の基礎となるような百万都市を建設すべく邁進します。

そうこうするうちに秀吉が死に、豊臣政権最大の実力者だった家康こそが次の天下人だという気運が世に芽生え、関ケ原の戦いで勝利して、江戸幕府を開きました。豊臣氏は一六一五年の大坂夏の陣で滅び、家康は翌年、安心したように死んでいきます。


というストーリーを、日本人ならば一度は聞いたことがあるでしょう。

しかし、これを全部信じているとしたら、見事に騙されています。

もちろん全部が嘘ではありませんが、本当の話の中に、自分に都合の良いような嘘を巧妙に混ぜています。だから巧妙なプロパガンダなのです。

日本人が知っている徳川家康の話は、基本的に山岡荘八の小説『徳川家康』全二十六巻（一九五〇年～一九六七年　北海道新聞・東京新聞・中日新聞・西日本新聞連載）がベースです。この本は、家康が五十九歳までの苦難の人生を耐え抜き、天下人になる生涯を描いています。ただでさえ長い本なのですが、苦難の話が二十一巻まで続くので、読むほうにも忍耐力が要求されます。名作歴史小説にありがちなことですが、あることないことを面白おかしく書いてあるので、これを全部信じていては騙されてしまいます。

それはさておき、通説に交じっているプロパガンダを、一つ一つ解説しましょう。

まず、プロパガンダには意思があります。

この場合、家康の「徳川家の天下が続くように」という意思です。目的と言い換えても構いません。こうしたストーリーを人々に信じ込ませることによって、徳川家を安泰にさせる狙いがあったのでしょう。家康（と、おそらくブレーンである側近たち）は、歴史認識が「武器」だと熟知していたのです。

なぜ熟知していたと言えるか。

家康と三河武士団が勝ち抜いた戦国時代は、プロパガンダ合戦のオンパレードだからです。

では、代表的な戦国大名を例に、戦国時代とはどのような時代かを説明しましょう。

■現代の選挙に通ず！　合戦は最後のセレモニーだった!!

戦国時代というと、大名が天下取りを目指して近隣諸国と戦い、弱い国を併呑しながら大国になり、最後は織田信長が他の大名に先駆けて京都に上った時代だと思われがちですが、ぜんぜん違います。読者の皆さんは歴史小説や大河ドラマなどでそうした印象を持っているかもしれませんが、こうした戦国時代のイメージは、江戸時代の講談以来、繰り返し強調され、人々に刷り込まれてきたものです。

戦国時代は、基本的に小氷河期と言われる慢性的な飢餓期で、全国で食糧の奪い合いが多発していたのです。そうしたもめごとを解決するのは、本来ならば足利将軍の役割なのですが、小氷河期という環境下では傑出したリーダーが現われにくいこともあって、みんな仕方なく自力救済をしていただけなのです。

つまり、誰一人、「俺が天下を取る！」などと考えていません。「天下を取る」とは足利将軍にとってかわることですが、仮にとってかわったって上手くいかない時代ですから。

東北地方など、戦国末期に蘆名氏が伊達政宗に滅ぼされるまで、痴話げんかのような合戦しか起きていません。東北の大名小名は全員が親戚で、「ウチの田んぼから稲を盗んだ！」レベルのもめごとを解決するために、双方が兵を出し、気が済んだら引き返す、を繰り返していました。下手すれば死人も出ないような合戦もあります。

ただし、これに利権が絡むと、多少は本気度が増します。博多湾の利権をめぐり、少弐・大内・大友が争い、少弐・大内両氏が没落、大友氏は新興の毛利氏と飽くなき抗争を続ける、という具合です。

では、勝敗を決するのは何か。

合戦は、最後のセレモニーです。いわば現代の選挙と同じです。

合戦前に神社などで行う出陣式は、地元の神主を押さえるという意味があり、今で言う「票を固める」のと同じです。いかに敵陣営の票田を食うか、中間層を味方につけるか、味方を固めるか、というプロパガンダが実は戦国の戦の肝でした。

神社で大軍を集めて出陣式をやれば、「ああ、多数派はこちらに集まったな。この戦は勝ちだ」とみんな思います。そうした空気は周辺に広がります。そうなると少数派からは櫛の歯が欠けるように離脱者が続出するため、合戦は掃討戦になります。

敵の陣営を調略し、自陣営の優勢をプロパガンダする——調略とプロパガンダを足して「間接侵略」と言いますが、軍事的な直接侵略の前に、間接侵略で大勢は決まっているのです。

戦国時代の戦は、プロパガンダ合戦です。豊臣秀吉はそれが一番うまかったから天下人になれました。ならば、その秀吉の死後に天下を奪った家康もまた、プロパガンダの達人に決まっているのです。

■毛利元就、武田信玄、そして上杉謙信のプロパガンダ

さて、戦国時代の武将がどのようなプロパガンダをやったか、有名なエピソードをいくつか紹介していきましょう。

まずは、毛利元就です。この人は、西を大内・東を尼子といった強敵に囲まれながらも、裏切りと謀略を駆使してのし上がり、大内・尼子の領土のほとんどを征服、中国地方の大大名になりました。

その元就の跳躍台となった合戦が、弘治元（一五五五）年の厳島の戦いです。

主君の大内義隆を殺し、仇敵の大友氏から義長を連れてきて大内家に強引に養子入

りさせ、傀儡の主君にしていた陶晴賢と、当時元就は険悪になりました。

多勢に無勢の状況で元就は策をめぐらします。まず厳島に砦を築き、「あそこに築いたのは大失敗だった」とボヤキました。それを晴賢の忍者（スパイ）が聞きつけ、元就の追手が追いかけますが、逃げられてしまいました。一方、晴賢は、スパイが持ち帰った情報を信じて大軍を厳島に差し向けます。

実はこれこそが元就の罠で、わざとスパイに偽情報を持たせ、厳島におびき寄せたのです。この元就の策は見事に嵌まり、まんまとおびき寄せられた晴賢を自刃に追い込むことに成功しました。元就は以後、旧義隆派を糾合して晴賢の残党を掃討し、最後は大内家の領土をすべて自分のモノとしました。「謀略の元就」と言われる所以です。

ちなみに、元就は陶晴賢のクーデターに加担していましたが、長らくそれを伏せていました。自分にとって不都合な事実を隠すというのも、プロパガンダの重要な手法なのです。

ちなみに、この「スパイにわざと情報を伝える」という手法は、現首相の安倍晋三さんも過去にやっていたそうです。

平成十四（二〇〇二）年九月十七日、当時の小泉首相は北朝鮮の金正日委員長と会談するために平壌に乗り込みました。最大の懸案は拉致問題です。午前中の会談では、もしかしたら一人も返さないのではないか、と思われていました。お昼の休憩時間に控室で同行していた安倍さん（当時官房副長官）は、北朝鮮側が仕掛けた盗聴器に聞こえるように、わざと「一人も返さないのであれば、席を蹴って帰りましょう」と叫びます。一説には、「戦争しかありません」とも言ったとか。午後の会談で、金正日が五人の拉致被害者の帰国を認めたのは、ご存じのとおりです。

話を戦国時代に戻しましょう。

次は、戦国最強と名高い武田信玄の例です。信玄は、小国の甲斐を父から継ぎ、隣国の信濃を併呑しました。なお、甲斐を父から継いだと言っても、それは父を追放するクーデターを成功させてのことです。

信濃は甲斐よりも大きいのですが、信玄以前はまとめる大名がおらず、多くの土豪が割拠していました。信玄は時間をかけて丁寧にそれらの土豪を、時には調略し、時にだまし討ち、そして最後まで逆らう者は合戦で叩きのめしていきました。

ちなみに、その過程で信玄は、村上義清という土豪に二度も負けています。しかし、負けてもすぐに態勢を立て直し、義清の味方を片っ端から買収していって、最後は孤立無援に追い込んで義清の領土をすべて奪いました。

信玄は、典型的な戦国大名です。すなわち、自分の国が生き残るために隣国を間接・直接侵略して領土を増やすことだけを考えていました。晩年だけは上京して天下に号令をかけたかったようですが、人生の大半は天下取りなど考えてもいませんでした。

ところで、信玄と言えば、忘れてはいけないのが越後（新潟県）の上杉謙信。言わずと知れた、勝率十割の「軍神」です。ならば、「戦は弓矢で行うもの」とする謙信にプロパガンダは無縁だったのでしょうか？　とんでもない。

武田信玄がなぜ戦国最強と言われるのか？　それは、「たった二倍」の兵力しかいないのに、あの「軍神」上杉謙信と引き分けることができたからです。

つまり、信玄は最強、謙信は「別枠」なのです。

ちなみに、江戸時代の評判では、「三位に徳川」とちゃっかり入っていたりします。「軍神」謙信は、上洛するとの噂が流れただけで京都周辺を勢力圏にしていた三好・松永から貢ぎ物が殺到するほど、謙信ブランドを確立していました。ここまでくると、「上杉謙信」という名前自体が、一つのキャッチコピー、パワーワードなのです。現に武田信玄、あるいは北条氏康に滅ぼされた多くの大名・武将が、最後は謙信にすがりました。滅ぼされてもなお、謙信ブランドを頼れば、仇敵を恐怖のどん底に陥れることができる。謙信、恐るべしです。

永禄四（一五六一）年、謙信は氏康を小田原城に囲みます。氏康は、ひたすら城にこもり、謙信が帰るのを待ちます。そして盟友の武田信玄に謙信の本領・越後を攻める構えを見せてもらうよう要請します。これにはさすがの謙信も引き上げざるを得ませんでした。では、謙信は負けたのか。

謙信は小田原城の囲みを解いた後、小田原城の目の前の鎌倉・鶴岡八幡宮で関東管領就任式を行います。鎌倉は源頼朝以来の武士の聖地、関東管領は関東地方の正式な支配者の地位です。

チート武将？ 軍神「上杉謙信」

その様子を、氏康は指をくわえて見ているしかありません。これが当時の人にどう映るかは自明でしょう。氏康の時間切れ引き分けの画策に対して謙信は、デモンストレーションの宣伝力つまりプロパガンダで勝利を宣言したのです。

■本能寺の変こそ、織田信長、最後のプロパガンダ

ちなみに、調略嫌いの謙信も、織田信長との戦いでは、それを使っています。能登（石川県）の七尾城は上杉・織田の中間地点で、城主の畠山家では、どちらにつくかで家臣団が割れていました。そこへ謙信は、「上杉につかねば踏みつぶすぞ」と書状を送り、上杉派が決起して織田派を駆逐しました。謙信、よほど信長と戦いたかったようですが、現実主義者の信長は援軍に来ませんでした。

信長の生涯に関しては、小著『大間違いの織田信長』（ＫＫベストセラーズ、二〇一七年）で詳述しましたので、今回は一つだけ。

信長最大のプロパガンダは、本能寺の変です。

信長は最も信頼していた部下の明智光秀に囲まれ、死を悟ります。そこで何をしたか。自分の死体を隠すことです。これは効果覿面《てきめん》でした。

信長の敵討ちに舞い戻った羽柴秀吉は、「信長公は生きている」という情報を流しまくって事態収拾の求心力にしました。「もし信長が生きていて、明智についたということがわかったら、後で何をされるかわからない」というわけです。当時の評価で

は、明智光秀は信長の親衛隊長にして最強の武将であり、秀吉が勝つと思っていた人は誰もいませんでした。しかし、秀吉のプロパガンダは絶妙で、下馬評を覆して山崎の戦いで明智軍を倒します。合戦が始まったときには、秀吉の方が数倍の勢力になっていました。プロパガンダの勝利です。

秀吉は、山崎の戦いも見事でしたが、その後がもっと秀逸でした。織田家を乗っ取り、かつ自分を悪者にさせなかったのです。

信長の後継者候補の二人の息子、信孝と信雄の関係は極めて険悪でした。秀吉はこの二人の対立を煽りまくり、最初は信雄側について天正十一（一五八三）年の賤ケ岳の戦いで信孝を切腹させ、翌年の小牧長久手の戦いでは、信雄と組んだ徳川家康と戦います。

緒戦ではデマを流して家老三人を信雄に殺させ、膠着状態に入ると圧力をかけて信雄に単独講和を結ばせます。さらに、手強い家康もまた大坂に呼びつけます。信雄に官位を与えて主家をないがしろにはしないというアピールをするとともに、自分よりは下に置きます。天皇の権威で、自分が上にいることを周囲に納得させるのです。

天正十八（一五九〇）年、小田原合戦で秀吉は天下統一を果たしますが、その後の国替えに反発した信雄を放逐しました。織田家乗っ取りの完成です。

秀吉のプロパガンダは今も生きています。明智光秀はいまだに「主殺し」の代名詞です。

平成二十四（二〇一二）年の自民党総裁選で絶対本命と言われた石原伸晃氏が迂闊な行動を繰り返し、「平成の明智光秀」のレッテルを張られて落選したのを鮮明に記憶している人も多いでしょう。現代においても、「明智光秀」は裏切り者の代名詞です。

それに引き換え、秀吉のことを「主殺し」「主家乗っ取り」「恩知らず」と言う人は、まずいません。

戦国の覇者とは、プロパガンダのチャンピオンのことなのです。

■『三河物語』という大久保彦左衛門のボヤキ

史料というものは、当時に書かれたものであっても簡単に信じてはいけません。書いた本人の思い込みによる事実の歪曲もありますが、意図的なプロパガンダの可能性もあるからです。

『三河物語』という書物があります。一六二二年からそれ以降に成立したものとされ、書いたのは大久保彦左衛門という江戸時代初期の旗本です。書いた目的は、彦左衛門自身によれば、「三河松平郷の一豪族だった徳川氏が天下を掌中におさめるまでに、大久保一族がいかに忠誠をつくしたかを記録しておくことで、だからこそ今も未来も忠勤に励まなければいけないということを子孫に示す」ためだそうです。戦国時代のことが書かれていますが、書かれたのは徳川幕府が開闢《かいびゃく》して二〇年ほども経ってからのことであり、戦国当時の史料ではないのに一次史料のごとく扱う人がいるという困った本でもあります。

はっきり言いますが、『三河物語』は、単なる老人のボヤキです。面白くありません。どれだけつまらないかは、中央公論新社(旧・中央公論社)の「マンガ日本の古典」シリーズを眺めてみることでわかります。石ノ森章太郎先生が担当したシリーズ最初の『(1)古事記』(一九九四年)や、さいとう・たかを先生が担当した『(18)(19)(20)太平記』(一九九五年)は古典の作風と漫画家の画風がやたらとハマっていて面白くできています。ところが、『(23)三河物語』(一九九五年)は安彦良和先生が担当しているのですが、中身のマンガ化では作品にならないので、大久保彦左衛門と家来の一心太助を中心に「三河物語ができるまで」みたいな話にしたそうです。

その『三河物語』の中でも、唯一面白く印象に残るのが、「知行を取る者取らぬ者」という節です。ちくま学芸文庫の『現代語訳　三河物語』（小林賢章・訳　筑摩書房二〇一八年）から全文引用しておきます。「知行」とは俸禄として上から与えられる土地のことです。

まず、ご知行をくだされなかったとしても、ご主人様に不満を申しあげるな。前世の宿縁なのだ。そういうけれども、知行をかならず受けとれるようになるには五つの場合があるが、それでもそんなふうに思って、知行をみずから望んではならない。また、知行を受けとれない者にも五つあるが、この方は、飢え死にするようなことがあっても、そんなふうに心がまえをもっているべきだ。

まず第一に、知行を受けとれる者には、ひとつには主君に弓を引き、謀反、裏切りをした人は知行もとり、末代までも繁栄し子孫までも栄えるようだ。二つには、卑劣なことをして、人に笑われた者が知行をとるようだ。三つには、世間体をよくして、お座敷のなかで立ちまわりのよい者が知行をとるようだ。四つに、経理打算にすぐれ、代官の服装がよく似あう人が知行をとるようだ。五つには、行く先もないような他国人が知行をとるようだ。しかし、知行を望んで、決してこんなことをしてはならない。

また、知行をとれない者には第一に、一つの譜代の主君を裏切ることなく、弓を引くことなく、忠節、忠功をした者は、かならずといっていいほど、知行をとれないようだ。末孫も栄えない。二つに、武勇に生きた者は知行をとれないようだ。三つに、世間体の悪い、付け届けの悪い者が知行をとれないようだ。四つには、経理打算を知らない、年をとった者が知行をとれないようだ。五つには、譜代ひさしい者が知行をとれないようだ。たとえ、知行を取れなくて、飢え死にしたとしても、けっしてけっして、このような五つの心がまえをすてるべきでない。

雷光や朝の露、火打ち石のだす火花のように、夢のようなこの世に、どうせ世を送ったとしても、名にかえることはあるまい。人は一代、名は末代というではないか。

たらいに乗って登城する大久保彦左衛門

ボヤキ節、全開です。大久保彦左衛門は、家康の祖父・

松平清康の代から仕える宿老・大久保忠員の八男でした。清康は一五三五年、「森山崩れ」と呼ばれる有名な裏切り事件で、二十五歳で殺されます。清康が生きていたら必ず天下を取っていただろう、大久保家も栄えていただろう、まことにくやしい、というボヤキが「知行を取る者取らぬ者」です。

かなり無理があるボヤキですが……。

■大久保彦左衛門のボヤキに隠されている嘘を見抜く

さて、『三河物語』に書かれていることは本当でしょうか。大久保彦左衛門という一老人のボヤキである、二次史料ですらない代物《しろもの》に史料価値があるかどうか、その時点ですでに怪しまなければいけません。ただし、史料等級の低い後世の創作だからと完全に無視してもいけません。

大久保彦左衛門は、末端の家臣とはいえ、当事者です。後世とはいえ、『三河物語』はまだ戦国時代の記憶が残っている時代に書かれた回顧録です。江戸時代のそれ以降のものとはまったく違います。

大久保彦左衛門が、「清康は天下を取れたとか言っている」というのは事実です。『三河物語』は自筆本も残っており、彦左衛門が書いたものだということは証明されていますから、「彦左衛門が〜と言っている」ということ自体は、まったくの事実なのです。「天下を取る」と言った場合、彦左衛門が書いている時点では、「天下」は間違いなく家康が手に入れた「天下」、つまり日本全国を指しています。

では、松平清康が生きていた時代、清康は一五一一年に生まれて一五三五年に殺されているわけですが、この時代、「天下」とはどこを指していたでしょうか。

答えは、「畿内」です。

清康が生きていた時代に「天下を取る」と言えば、畿内を治めるという意味でした。信長の印文で有名な「天下布武」は信長の誇大妄想です。詳細は、前掲『大間違いの織田信長』をどうぞ。

とにかく、信長の誇大妄想が始めた「天下」イメージを、大久保彦左衛門は、そんなイメージなどありえない、信長よりも前の時代、清康の時代に投影してくやしがっているだけです。戦国時代から江戸時代へといった具合に時代が劇的に変わってしまうと、前の時代がどんな時代だったかということなど、人間は簡単に忘れてしまうものです。

たとえば、みなさんは、二〇〇二年九月一七日の前の日本がどんな国だったかということをきっと忘れているでしょう。

時の内閣総理大臣小泉純一郎が北朝鮮を訪れ、時の朝鮮労働党総書記・金正日と第一回目の日朝首脳会談を行った日が九・一七です。北朝鮮側はこの日に初めて、日本人を拉致した事実を認めて謝罪しました。

今でこそ、ネトウヨ本が幅をきかせていますが、右翼、保守どころか中道ですら発言の場所がなかったのが九・一七前の日本です。朝日新聞・岩波書店全盛の時代と言ってもいいでしょう。

私は一九九〇年代、中道を自称する人に、「君には愛国心はないのか」と質問したことがあります。すると即答で、「僕にだって祖国への愛国心はあります」と返してきました。私はその人を共産主義者だと思っていたので驚いて真意を聞くと、そのココロは「祖国の祖は、ソ連のソです。労働者の祖国はモスクワにあります」でした。

実話ですが、ソ連が存在していた頃は、今となっては信じられないくらいの時代だったのです。朝日・岩波全盛時代の昔と、ネトウヨ本隆盛の今、まるで別の日本です。

■今川家と松平家は大日本帝国と大韓帝国の関係

『三河物語』で英雄視されている松平清康が本当に立派な人だったかどうかはわかりません。そこそこ勢いがよく、少しばかり力を持ち始めたかなと思ったら「森山崩れ」であっという間に殺され、そのひとり息子の広忠は当時まだ十歳で苦労を重ねます。広忠は大叔父の信定に岡崎城を奪われ、流浪するとともに命も狙われ、今川氏輝の計らいで三河に戻り、やっと岡崎に帰城します。しかし、二十三歳でこの世を去ります。『三河物語』はただ「病死」としていますが、家臣に殺害されたとしている史料もあります。

広忠のひとり息子が後の家康こと竹千代ですが、三河の家臣たちはみな「凄かった」清康の生まれ変わりのように思っていたようです。広忠には実績が本当に無いので、少しくらいは勢いが良かった清康を美化して「松平家の希望」としたのです。

今川家の配下となる松平家の様子は、まさに大日本帝国に侵食される李氏朝鮮です。

松平家は跡取りの竹千代を今川に人質として差し出します。ところが、竹千代は織田に誘拐されてしまいました。寝返りを求める織田に対し、広忠が「殺せるもんなら殺してみろ」と開き直り、今川への忠誠を示します。しかし、その広忠の方が先に死んでしまい、父子は二度と会えませんでした。

その後、人質交換で竹千代は今川に送られ、その間、三河が今川に軍事占領され、三河武士団は百姓をしながら重税に耐え、軍役に駆り出されます。忍従の日々は十二年に及びます。「日帝三十六年」ならぬ「今川十二年」です。今川に支配される松平のイメージ、大日本帝国に屈服した朝鮮人の如く描かれるのが常です。

幼少期の家康を語る定番エピソードがあります。人質生活の家康が一度だけ里帰りした時、重臣たちが「若が帰ってきたときのために、武器と金と食を貯めております」などと密かに物資を貯めこんでいた蔵を見せます。今川の虐めに耐えながらも未来の当主の帰りを待つ三河武士団の忠誠心を示す、名シーンです。ありそうな話ではありますが、事実かどうかの検証は専門家と好事家に任せましょう。

余談ですが、かつて『少年徳川家康』（NETテレビ　現・テレビ朝日）というアニメがありました。一九七五年の放映です。笹川良一が率いていた日本船舶振興会（現・日本財団）の一社提供です。笹川良一が自らを投影するかたちで作った『少年徳川家康』でしたが、ぜんぜんウケなくて半年でぽしゃりました。ちなみに、その後番組こそ、超長寿番組となるアニメ『一休さん』でした。

さて、竹千代は元服して、庇護下にあった今川義元の「元」の字をとって「元康」を名乗り、十七歳の時に「大高城の兵糧入れ」と呼ばれる最初の戦功をたて、駿河に凱旋します。その時の様子を大久保彦左衛門は《ご譜代衆のよろこびはいいつくせないほどだった。「苦しいなかでとにかくお育ちになり、軍略もどうかと朝夕心配しておりましたが、清康の威勢によくまあそっくりになられたことのめでたさよ」といい、みな涙をながしてよろこんだ》（前掲『現代語訳　三河物語』）と書いています。

見事なまでの、自己催眠です。あったのかなかったのかさえわからないかつての栄光が再来するとでも思い込まないとやっていけなかったのが、当初の三河武士団でした。流浪中のユダヤ人のようなものです。人間、絶望的な状況になると過去のささやかな栄光を過大に美化し、「俺たちだって昔はすごかったんだ。あの栄光を取り戻すために、今の苦難に耐えるのだ」という思考回路に傾くものです。

松平家は、桶狭間の戦いまでのあらゆる戦でこき使われました。事実、その通りです。大英帝国にこき使われたグルカ兵のようなものでしょうか。グルカ兵とは大英帝国に征服されたネパールの山岳民族で、勇猛果敢で知られていました。北清事変では北京まで駆り出され、第二次世界大戦では日本軍とも戦い、朝鮮戦争にも参加しています。とは言うものの、今川義元は松平をそれなりに遇しています。

家康は義元の親戚の娘である築山殿と結婚させられます。築山殿はお嬢さん育ちの年上女房で、家康と気が合わなかったことから、三河武士団忍従の象徴のごとく語られたりもします。仲が悪いと言う割には、二人も子供を作っているのですが。

今川としては、征服した松平を一族かつ重臣の列に加え、お家を強化しようとしたのです。征服した相手を取り込むという戦略は、義元を補佐した軍師・太原雪斎の知恵です。今川が三河武士団を利用したのは確かですが、奴隷のようにこき使ったと考えると誇張がすぎます。

ちょうど日韓併合後の大日本帝国が、李氏朝鮮の王族と日本の皇女の結婚を推奨したようなものです。

これは松平から見れば、「侵略」です。ちなみに、この場合の侵略は「Seizure（獲得）」です。「侵略」の定訳は「Aggression」ですが、これは誤訳です。「Aggression」は正確には侵攻（進攻）くらいの意味で、「挑発をされていないのに先制攻撃を加えた」という意味です。「侵略」という漢語には残虐にかすめ取るという意味が含まれますが、

「Aggression」にその意味はありません。

ここで、かつて大日本帝国は「侵略」をしたのかという話にも触れておきましょう。

日本は李氏朝鮮に挑発されていますから、「Aggression」はしていません。明治初年以来、朝鮮はことあるごとに日本を挑発していました。時には清朝の軍隊を自領に招き入れ、日本の安全を脅かしてもいます。だから、日本が先制軍事攻撃をしても、国際法的には「Aggression（侵攻）」はしていません。同様に、漢語の意味での「侵略」もしていません。

しかし、「Invasion（侵入、進入）」の後に「Seizure（獲得）」をしたのは事実です。「Invasion」にも「Seizure」にも道徳的な意味はなく、単なる動作を表す単語です。だから、「日本は韓国を侵略したのか？」と聞かれたら、「はい」とも「いいえ」とも答えられます。「Invasion」と「Seizure」はしましたが、「Aggression」はしていませんが正解です。ところが、「日本は侵略した」という人は、「Invasion」と「Seizure」の史料を探し出してきて、さも「Aggression」をしたかのように言いふらします。騙しのテクニックです。

「島津氏が琉球王国を侵略した」も、同様の論法です。

大日本帝国も島津氏も今川氏も、やっていることは同じです。しかも、島津や今川の場合は戦国時代で、「侵略はされる方が悪い」時代ですから。国を奪われたものをかばう国際法など、当時は存在しませんし。ときどき、「日本は琉球を侵略した悪い国だ」と言う人がいますが、「今川は松平を侵略した悪い奴だ」くらいの意味しかありません。

その点、三河武士団は偉かった。泣き言を言わずに生き残り、勝った後で歴史を好き勝手に書いているのですから。

■同一のネーション・エスニックでの敵愾心

話をそらします。

私は『国際法で読み解く戦後史の真実　文明の近代、野蛮な現代』（ＰＨＰ新書、二〇一七年）で、「吉田茂と徳川家康とどっちが偉いか」を論じました。吉田茂がなぜ再軍備をしなかったか、なぜアメリカからの再軍備要求を頑なに拒んだのかというと、「アメリカの番犬になるのがいやだったから」です。敗戦からの復興と経済成長を最優先とし、何よりアメリカの手伝い戦に駆り出されたくないとする、軽武装・経済成長という政策、いわゆる「吉田ドクトリン」は、はたして日本にとって幸せな道だったのかどうかという話です。

吉田は再軍備を拒否するにあたって、事もあろうに左派社会党をけしかけています。当時の社会党委員長は鈴木茂三郎という極左で有名な人物でした。昭和二十五（一九五〇）年に警察予備隊が創設されるという法律ができた瞬間、いきなり最高裁に違憲訴状を持ちこんで訴訟を起こすような筋金入りの極左です。どこにもそんな制度がないのに、国会で多数派をとれないなら裁判所に違憲判決を出させて警察予備隊を葬り去ろうという無茶を、平気でやる人でした。

外交史を専門とする政治学者の原彬久氏は、『戦後史のなかの日本社会党』（中公新書、二〇〇〇年）の中で、吉田茂と社会党の関係を次のように説明しています。時代背景を少し補足しておくと、一九五一年当時、サンフランシスコ講和条約の締結を目前にして、アメリカ特使のジョン・フォスター・ダレスは首相・吉田茂に再軍備を強く迫っていました。

つまり社会党の「再軍備反対」は、密かに吉田の多とするところであった。講和・安保両条約に関する前年（六月）来の日米交渉でダレスからの「再軍備」要求に抵抗してきたのは、もちろん吉田である。その吉田からすれば、第七回党大会で社会党が打ち出した「再軍備反対」のテーゼは、呉越同舟とはいえ、一つの有力な〝援軍〟であった。吉田はみずからの「再軍備モラトリアム」論に理解を示すマッカーサーと「秘密同盟」（吉田茂）を結んでまでダレスの「再武装」要求をかわす一方で、今度はしたたかにも政敵社会党、それも左派と呼吸を合わせようというのである。つまり吉田は社会党の「再軍備反対」を追い風にして、ダレスの「再武装」要求を迎え撃とうとしたわけである。

原彬久氏はまた、鈴木茂三郎の秘書を務めていた日本社会党所属の政治家・広沢賢一氏へのインタビューを紹介していますが、鈴木茂三郎は車中で待っていた広沢氏に「吉田はくせ者だよ。再軍備反対で吉田から激励されたよ」と述べたそうです。

どういうことかと言うと、つまり吉田茂は、再軍備をしてアメリカのいいように戦争についていくことを拒み、経済成長に専念するということでアメリカを出し抜いた気になっている、ということです。

長らく吉田ドクトリン（吉田本人は一度もそんな言葉は使っていない）は、戦後日本を築いた素晴らしい構想と評価されてきました。それは「軍事を軽視し、経済に専念したからこそ、日本は繁栄できた」とする思想につながります。この考えはいつしか、「保守本流」と称されるようになりました。

では、今となってはどうか？

白昼堂々、自国の領土から国民を拉致されて、自力で取り返せない。何かあるとアメリカに泣きつく国に成り下がっています。

もし吉田が「アメリカの番犬」になる覚悟で同盟の義務を果たしていたら、三河武士団のごとく独立のチャンスがあったでしょう。

今の日本は形式的には独立国ですが、実質的にはアメリカの属国です。

明確な展望がないときは、耐えてチャンスを待つ。永禄三（一五六〇）年、桶狭間で今川義元は頓死しました。重臣達も軒並み討ち死にです。

家康と三河武士団は、この好機を見逃しませんでした。

■証拠がない!? 家康と信長の清洲会談

義元死後の今川家は、息子の氏真が継ぎます。氏真は、気位が高いわりに無能で、最も得意なのは蹴鞠。平安時代の公家ならともかく、戦国大名には向きません。家康は、元康を名乗っていましたが、家康と改名します。今川家への絶縁をＰＲしたのです。そして、義元を倒して勢いに乗る織田信長との同盟に走ります。織徳同盟です。

その後、家康は、外交的駆け引きで、人質だった築山殿と跡取り息子の信康を取り返しました。同盟を切るという決断は、人質を殺される覚悟でやるわけですから大変です。当主がいきなり同盟相手を裏切っても、下がついてくるとは限らないですし、それまでの利害関係も調整しなければなりません。

松平家は織田家と同盟を結ぶために、桶狭間の戦い以後もしばらくは今川家についてわざと小競り合いをたくさんやり、信長に実力を認めさせてから清洲に赴き対等な同盟を結んだ、とはよく言われることです。しかし、これまた、三河武士団のプロパガンダのようです。

平野明夫「信長・信玄・謙信を相手に独自外交を展開した家康」（『家康研究の最前

線』所収、洋泉社新書、二〇一六年）によれば、信長と家康の清州城での同盟締結を記している文書で最も古いのは貞享三（一六八六）年の『武徳大成記』で、比較的早い時期の成立で一定度の信頼性がある『信長公記』には記述がなく、『松平記』『三河物語』にも記述されていないことはもちろん、同時代の作成文書、日記や記録にも見えません。そのため、平野氏は《史料的には家康が清洲へ赴いたことは証明できない。史料がないことと、事実としてないこととは、イコールではない。しかし、事実を疑わざるをえない史料状況であることはまちがいない》としています。ちなみに記述のある『武徳大成記』は、江戸幕府第五代将軍徳川綱吉の命で老中阿部正武が監修した本です。わからないことは「わからない」として安易な結論を下さないことも、惑わされないコツです。

現実の織徳同盟と呼ばれる同盟を見てみると、その実際は、家康が「信長の盾」になっていることがわかります。

ただ、本来同盟とはそういうもので、お互いの利害を調整して合意し、維持するものです。織徳同盟のおかげで、信長も家康も二正面作戦を展開しなくてすみました。「信長が西の京都に向かい、家康が東の守りを固めさせられた。信長にだけ都合が良い同盟だ」とするのはさすがに言い過ぎです。そもそも、家康は天下なんか目指していないのですから。

家康が天下を取った後に、「横暴な信長の前に、徳川には他に道がなかった」と苦難の印象を強調するプロパガンダに、引っかかる必要はありません。ちなみに、松平家はこの頃に「徳川」と改名します。「徳川家康」の誕生です。三河には「松平」姓の土豪が多すぎたので、格の違いをアピールするための改名です。戦国時代こそ、言葉が武器なのです。

さて、永禄六（一五六三）年、「三河一向一揆」という大事件が起こります。通説では、桶狭間以降の家康が今川家の支配を脱しながら三河を領国化していく過程で生じた最大の戦い、とされています。三河本願寺教団および反家康連合との戦いです。つまり、内ゲバです。三河武士団は結束が高いとはよく言われながらも起きてしまった凄惨な内ゲバでした。

後に家康の懐刀となる本多正信は、一向一揆側に与した武将でした。その後、許されて家康のもとに帰参するのに五年以上かかっています。ＮＨＫの大河ドラマ『真田丸』で近藤正臣が演じたので、覚えている方も多いでしょう。

三河一向一揆については前掲『家康研究の最前線』に、仏教学者・安藤弥氏の詳しい論文が掲載されています。その中で安藤氏は「一部の門徒武士が、家康に離反して一向一揆側に走った理由を、反家康・親今川の文脈のみで理解することはできない。本願寺門徒だから一向一揆に与するという心情と行動については、やはり信仰の問題も含む別の文脈を用意する必要がある」と述べています。

当時、一向一揆は日本中を席巻していました。中東におけるイスラム原理主義のようなもの、フェイスブック革命みたいなもので、国境を飛び越えて展開していました。

北陸をはじめ近江（滋賀県）でもしょっちゅう起きていて、国境に関係なく勝手に民衆が入り込み、個々の武力は弱いくせに数だけ多くて、いきなり蜂起しては大名を困らせるといったことを繰り返していました。なびく人間が多くなれば、結局は宗教問題ですから主君の言うことなどは聞かず、大変な内ゲバ騒動になったわけです。さすがにこれは三河武士団も記録としてごまかしきれなかった、というところでしょう。

■敵味方は一瞬で変わる

実質は、今川から織田に宗主国を乗り換えたとはいうものの、家康は形式的には独立します。そして旧宗主国である今川は、ただ図体がでかいだけの草刈り場になりました。

その後の家康は、十八世紀のプロシア・ロシア・オーストリアの隣接列強によるポーランドの分割のごとく、今川の領土を分割します。実はけっこう世話になっているはずの今川を情け容赦なく侵略していきます。

一五六〇年頃から七〇年くらいまでの約十年、家康は延々と今川分割に熱中していますが。最初は武田信玄と組んで今川を分割していたのですが、やがて家康の勢力が伸びるのを嫌った信玄が北条氏康と組もうとします。もともと「武田が駿河、徳川が遠江を獲ろう」という話でしたが、武田が北条に「北条が駿河、武田が遠江」と持ち掛けたのです。二枚舌です。

そもそも、武田・北条・今川は三国同盟を結んでいるので、武田は今川はもちろん北条からしても裏切り者です。最初の段階でもちかけられたならまだしも、先に徳川と組んでから自分の都合でもちかけるとは何事か。

　氏康は仇敵の上杉謙信と結び、あっという間に、上杉・北条・徳川で武田信玄を包囲しています。信玄としても、まさか北条が上杉と組むとは思わなかったでしょう。しかし、現実には、関東の地政学が一瞬にして変わってしまいました。

　それ以前の北条と上杉は、アコーディオン戦争のごとく叩き合いを続けていました。北条が勢力を伸ばすと没落大名が謙信に泣きつく。謙信が出てくると北条は城にこもって耐え、奪われる領土を最小限に抑える。謙信が戦いに飽きて引き上げると、奪われた版図を取り返し、没落大名が……を延々と十三年も繰り返していました。北条にとって上杉謙信とは、年中行事のごとく訪れる大災害に他ならなかったのです。だから、上杉との同盟を渡りに船と飛びつきました。

　外交名人の信玄にしては、珍しい大チョンボでした。「それは侵略である」とは、こういう時に使うための言葉です。北条は武田家の裏切りをなじりながら、上杉と組みます。しつこいですが言葉は武器であり、軍事力は言葉によって動かされるのです。

　家康はこうした状況を利用して、遠江併合を完成。本拠地も浜松城に移し、三河と合わせ二か国持ちの大名となります。日本で十指に入る大名です。この時点で二か国持ちの大名は（滅び際の大名は除く）、北から上杉・北条・武田・徳川・織田・毛利・島津だけです。もっとも、周囲には織田・武田・北条と、もっと強大な大名がいるので、あまり意味がない比較ですが。

こうして家康の今川侵略は成功しましたが、その後やることは決まっています。旧宗主国の悪魔化です。かくして、意外と大事にしてくれた今川の悪事を過大に書きたて、現代にまで伝えているのです。

■現地に行けば分かる、姉川の戦いはプロパガンダ

家康が信長を手伝った戦といえば、姉川の戦いがあがります。通説では姉川は、信長の畿内での覇権をほぼ決めることになった戦として特筆大書されます。教科書でも必出で、「元亀元（一五七〇）年　姉川の戦い　織田信長・徳川家康の連合軍が朝倉義景・浅井長政の連合軍を破る」と丸暗記させられます。もっとも、朝倉義景は姉川に来ていませんが。

十九世紀に編纂された徳川の公式歴史書『徳川実紀』では、姉川、三方原（一五七二

年）、長篠（一五七五年）を「東照神君（家康）の三大合戦」と位置づけています。

どうしてこれらを強調しなければいけないかということ自体がプロパガンダです。

通説によると、姉川の戦いで信長は十三段構えの陣を敷いて浅井勢を迎え撃ちます。浅井は十三段構えの十一段目までは突破したけれども、援軍にきた家康が朝倉を蹴散らしたので形勢は一気に逆転、織田・徳川連合軍が大勝した、となっています。さて、ここにはどんな嘘が仕込まれているでしょうか。

第一の嘘。通説として伝わる十三段構えの布陣が可能な広い場所は姉川にはありません。『センゴク』（週刊ヤングマガジン二〇〇四〜〇七年連載　講談社）で有名な漫画家・宮下英樹氏が実際に姉川に行って確認してきました。四〇〇年以上、誰も検証してこなかったわけです。研究者は知っているのでしょうか。

第二の嘘。最初、「おまえは友軍なんだから後ろでみていていい」と家康は言われたけれども、「いや、それでは援軍にきた意味がない」と信長に食い下がり、それではというので、あえて、数の少ない家康軍が大軍の朝倉軍に向かったものの、一方で信長は、少数の浅井軍にあやうく殺されそうになった、ということになっています。

この話の出典は、徳川側の史料『三河物語』でしょう。『三河物語』で家康は、《三十歳にもならないものが、援軍にやってきて一番隊を命じられず、二番隊だったとのちのちまでいわれるのは、いやです。ぜひ一番隊をお命じください。そうではないなら、明日の合戦には、参戦しません》（前掲『現代語訳　三河物語』）とまで言っています。信長は《そんなに思っていてくれるのはありがたいことだ。それなら一番隊をたのもう》などと答えています。

この話が本当だとすれば、どうして信長は不利に陥ったのでしょうか。要するに、桶狭間の戦いと同じことで、浅井が奇襲をかけて織田に突っ込んだという説に分があるようです。浅井の奇襲で信長は右往左往するものの、なまじっか数が多いので助かっていたところを家康が乱戦に持ち込んで勝った、というのが実際ではなかったかと考えられています。

「大勝した」というのも無理があります。だいたい、姉川の戦いに、当主の朝倉義景は来ていません。来ていないこと自体は義景の事情というものでしょうが、姉川の三ヶ月後には、浅井・朝倉は普通に軍事行動しています。延暦寺と連合して、摂津に攻め込んだ織田本隊を襲っていたりするのです。

それどころか、第一次信長包囲網を敷かれた信長は、『三河物語』によれば最後には《わずか一万余以下の兵ではとてもたち向かえないと、和議を申しこみ「天下は朝倉（義景）殿がおとりください。わたしは二度とそんなことは望みません」と起請文をお書きになって和睦を結んで岐阜へ引きあげ》ています（前掲『現代語訳　三河物語』）。出典が出典なので本当かどうかはわかりませんが、『大間違いの織田信長』でも書いた通り、信長はなにしろ土下座が上手い人なので、もし本当にこれをやったのであればたいしたものです。

つまり、姉川の戦いは、単なる小競り合いなのです。そんなものが特筆大書され、未だに歴史教科書には必ず載っています。中学受験にも普通に出る、ということは、小学校でも教えられます。日本人は未だに三河武士団のプロパガンダに騙されている、の筆頭例でしょう。

■三方原の戦いも大嘘だらけ

信長は第一次包囲網の中を戦っていきますが、結局、信玄が加わって第二次包囲網になった瞬間に大ピンチとなり、味方はもう家康だけ、という状況になります。それで、元亀三（一五七二）年の三方原の戦い（武田軍対徳川・織田軍）に援軍を回すことができずに、家康はあえなく大敗、ということになります。私は『並べて学べば面白すぎる　世界史と日本史』（KADOKAWA、二〇一八年）にこんなことを書きました。

近現代史の感覚でいえば、古代史どころか中世史、戦国時代の歴史だって「仮説の塊」です。なぜか最近は一次史料のごとく重用される『信長公記』など、現代の感覚でいえば「総理バンキシャ回顧録」の類です。武田信玄と徳川家康・織田信長のあいだで行なわれた三方ヶ原の合戦に至っては、完全に信頼できる記述など二行で終わりです。

元亀三年十二月二十二日、三河国三方ヶ原で武田信玄が徳川家康と応援に来た織田信長の軍を破った。

それ以外は、信憑性が決して高くない情報を精査し、仮説を組み立てているだけです。

実は、三方原の戦いに関して確実に言えることはこれだけなのですが、本書は歴史学の本ではないので続けましょう。

いちおう、通説として言われていることをまとめておきます。

武田軍の大軍に相対した少数の徳川軍に信長は少数の援軍しか送れなかった、そこで家康は追撃して奇襲しようと思ったが、武田軍は三方原という台地で魚鱗の陣で待ち構えており、家康は陣を広げて対抗したけれども軽く屠られた、ということになります。

しかし、実は信長は十分な援軍を送っていたというのが最近の研究です。ここは磯田道史氏の論を信じていいと思いますが、『日本史の内幕』（中公新書、二〇一七年）で史料検討の結果「家康は信長から二万人に及ぶ援軍をうけていたことになる」としています。通説では三千人です。信長はちゃんと援軍を送っていたのに、家康が信玄より戦が下手だったので負けたのです。友達と腹の中に一物を抱えながらつきあい、そいつが死んでからは好き放題に書きまくった、ということになるでしょう。

家康は命がけで三方原の戦場を離脱し、その際に脱糞までしたとか。その様子、NHK大河ドラマ『徳川家康』で滝田栄がリアルに再現していました。さらに、敗戦を自戒した家康が自分の姿を絵師に描かせた「顰像（しかみぞう）」が伝わっていますが、これもどうやら伝聞に伝聞が重なった嘘ではないか、との説もあります。

とにもかくにも、「神君唯一の敗北」とされるのが、この戦です。確かに自分で戦って戦術的に負けたのはこの時だけかもしれませんが、小競り合いでは三河武士団はけっこう負けています。

顰像（しかみぞう）

■小競り合いをメインとする戦国時代の合戦

今川家は、永禄十二（一五六九）年に完全滅亡します。今川氏真は桶狭間以降の劣勢を回復することができず、ジリジリと国土のすべてを奪われました。原因は一言で言えば、国防努力をしなかったからです。それでいて、下手に外交に頼りました。

今川亡国の危機に、武田信玄のあまりに露骨な裏切りと侵略に、北条は武田と手切れをし、徳川・上杉と組みました。川中島で五度も戦った上杉はもちろん、北条だって、武田が旧今川領を併呑して強くなりすぎることなど望まないのです。氏真としては、そうした大国の思惑を利用したともいえます。

しかし、しょせんは猿知恵です。

自分の国を自分で守ろうとしない国は見捨てられるものです。

有名な「敵に塩を送る」の故事は、この時に生まれました。北条と今川は、武田に経済封鎖を仕掛けます。山国の甲斐に塩を送らないようにしたのです。これに同盟国の上杉謙信が「戦は弓矢でするもの。民を苦しめるものではない」などと訳の分からないことを言い出し、甲斐に塩を送ります。にわかには信じがたい話ですが、北条・今川の経済封鎖が失敗し、上杉・武田の関係が急速に好転するのは歴史の事実です。また、上杉・北条同盟もあまりに利害が錯綜しすぎて機能せず、やがて北条は武田とヨリを戻します。

誰も今川の運命に目を向ける者はいません。氏真は、北条氏康、ついで徳川家康に憐みのごとく居候させてもらうこととなります。それなりに世話になった今川家を家康が悪魔化しても、それはそれでお互い様のようなところもあるのです。

さて、今川のくびきを脱した徳川ですが、今度は武田信玄の脅威に接しなければなりません。最初は織徳同盟と武田家は友好関係にあったのですが、徳川と武田が今川侵攻の際に敵対し、京都の信長が包囲されている形勢を見て、信玄は織田家との友誼を破棄します。

家康の領土の三河・遠江は東海道、信玄の新領土の駿河こそ東海道ですが、家康から見れば本拠地の甲斐・信濃は北にあたります。信玄は国境侵犯を繰り返し、三河・遠江の北部を削り取っていきます。「神君は三方原以外無敗」というのが大嘘だとわかるでしょうか。国境紛争では連戦連敗なのです。

ただ、家康の言い分だと、「直接乗り出していった戦いでは一敗」ということなのかもしれません。ここで、戦国時代の戦いが間接侵略（＝調略＋プロパガンダ）だということを思い出しましょう。

この当時の信玄と家康だと、明らかに信玄の方に勢力があります。国境の土豪は身の安全を図るために、戦う前に信玄の方になびいていくのです。おさらいですが、合戦は「最後のセレモニー」です。

合戦そのもので大将首が獲られ、家そのものが傾いた例など桶狭間くらいで、例外中の例外です。

ついでに言うと、日本人の合戦イメージは「騎馬武者が刀を振るって斬りあう」でしょうが、そんな戦いは八幡原の戦い、ただ一つです。八幡原の戦いとは、第四回川中島の戦いのことで、上杉謙信が武田信玄めがけて切り込んだという有名な戦いです。謙信と信玄の直接対決は、軍事史家の海上知明先生によれば「検証すればするほど、あったとしか思えない」そうです。詳しい検証は、海上知明『信玄の戦争』（ベスト新書、二〇〇六年）を参照のこと。

とは言うものの、江戸時代の人たちからして、戦国時代のすべての戦いが八幡原の戦いのようだったと思い込んでしまっています。大軍と大軍が、弓鉄砲を射かけ、槍隊が突撃し、騎馬武者が斬りあう。実に絵になります。

それにくらべて調略は地味です。地元の市長を籠絡するのに、買収できなかった場合には市長選で対抗馬をたててそいつを落選させる、みたいな感覚で小競り合いをやります。甲州砂金で言うことをきかなかったら、軍隊で攻めていって乗っ取るわけです。何のドラマもありはしません。

結局、戦国時代の合戦の実態が、江戸時代以降わからなくなったのです。戦国史研究が盛んになるのは敗戦後のことであり、特に平成になってからは多くの通説が書き換えられています。

話を三方原の戦い後の家康に戻しましょう。

信玄は三方原の戦いで家康を蹴散らし、信長目指して西進しました。しかし途中で病に倒れます。継いだのは息子の勝頼ですが、徳川への侵攻はますます激しくなるばかりです。徳川方の城が次々と落とされます。連戦連敗の苦境で国境の土豪たちの離反が激しく、家康は信長に助けを求めました。しかし、信長は容易に首を縦に振らず、業を煮やした家康が「ならば、武田に降伏する他なし」と弱者の恫喝を行います。

そこで仕方なく信長が援軍をよこし、起こったのが長篠の戦いです。

教科書では、「信長の三千丁の鉄砲三段撃ちの前に武田の騎馬隊は次々と玉砕した」と書かれ、あげくは「信長は鉄砲の力によって戦国乱世を統一した」とまで持ち上げられるのですが、こうした評価は現在否定されています。

信長のとった作戦は野戦築城です。決戦場になる設楽原一帯の小高い丘の上に馬防柵をつくり、鉄砲で構えていれば武田も攻めてはこられないから負けることはないだろう、武田は遠征軍だからあきらめて帰るだろう、という超消極策です。ところが、何を血迷ったか、武田軍が攻めてきました。

直前に徳川軍が、勝頼が背にしている鳶ヶ巣の武田方の砦を落とし、挟み撃ちのかたちにします。勝頼が決戦せざるをえない状況に追い込もうとする作戦です。それでも北に逃げればいいのですが、勝頼は決戦を選んでしまいました。

織田・徳川連合軍が鉄砲を射かけても、武田軍だって盾で防ぎます。大混戦状態の中、タマタマ、徳川方の鉄砲玉がまぐれ当たりで武田四天王と呼ばれた重臣の内の一人である山県昌景に当たって戦死、武田軍に雪崩現象が起きました。武田軍に大量の死者が出たのは、この際の追撃戦です。

■三河の人は知っている長篠の戦いと忠臣蔵の真実

三河では、「長篠は徳川の戦だ」と言うようです。長篠の戦いと忠臣蔵に関して正しい歴史認識をもっているのは、愛知県東部の人たちだけだということです。

実際にはそんなに地元入りはしなかったようですが、忠臣蔵のいわゆる敵役・吉良上野介は三河では名君です。忠臣蔵の元ネタ・赤穂事件は、元禄十四（一七〇一）年に、従業員二〇〇人を抱える赤穂の若社長・浅野内匠頭がキレて、いきなり重要な儀式の場で殺人未遂事件を起こしたという、ただそれだけの事件です。つまり、吉良上野介は一方的な被害者なのです。忠臣蔵の芝居などでは、吉良が浅野に畳を一晩で取り替えさせるなどの嫌がらせをしたからだ、といったことになっていますが、そんなことは絶対にありえません。

刃傷事件の起こった江戸城松之大廊下がどういう場所だったかというと、天皇の使いである勅使と上皇の使いである院使の接待会場の一部でした。

時の五代将軍・徳川綱吉の母・桂昌院は八百屋の娘で、綱吉はとにかくお母さんに官位を授けたいと考えていたのです。そんな重要な目的を持つ接待を命じられている時、接待任務だけで代々身を立ててきた吉良家の人間が不祥事や粗相の元になるようなことをするはずがありません。実際に事件は起こってしまったわけですが、そんなことになったらお家取り潰しになりかねないのです。

現に綱吉は激怒して、浅野は即日切腹です。しかも、畳の上ではなく、庭先で。

これ以上ないほど大事な日の前に、畳の張替えなどさせるはずがありません。吉良に関して言われることは、すべて完全に冤罪です。浅野がそこまでやるからには何か事情があったんだろうと考えるのは人の性ですが、実際のところは単に浅野が頭のおかしい人だったというだけのことです。

しかし浅野の家老・大石内蔵助が、よせばいいのに就職活動で討ち入りなどというものをド派手にやったものだから、吉良はますます立場がなくなりました。

いわゆる赤穂浪士の討ち入りは、お家取り潰しで職を失った人たちが、マトモな就職活動をするよりも「世間をあっと言わせて、イイ所に再就職しよう」みたいな一発屋根性を丸出しにしただけの話です。

彼らは討ち入り即日で切腹をしていませんから、その意図は明らかです。本当に主君の敵討ちが目的なら、吉良を討ち果たした後に大石以下赤穂浪士一同、その場で切腹すればよかったのです。目的を果たした後にその場で自決したテロリストなど、古今東西いくらでもいます。赤穂浪士の目的は単なる就職活動だったのです。

忠臣蔵は為政者に都合がよかった？

忠臣蔵が美化されている理由は簡単です。体制側に都合がいいからです。一言で言えば、「どんなバカ殿にも忠義を尽くせ」です。

忠臣という行為には、バカ殿が不可欠だからです。名君にはだれでも従います。暗君（バカ殿）に従うから、忠臣なのです。江戸から敗戦まで、日本二大忠臣は大石内蔵助と楠木正成でした。彼らが仕えた浅野内匠頭や後醍醐天皇は、バカ殿です。忠臣と暗君は表裏一体なのです。

一方、戦国の武士は平気で主君を変えます。この辺りは、高橋昌明『武士の日本史』（岩波新書、二〇一八年）が参考になります。

高橋氏は、正徳二（一七一二）年に出版された戦国時代の中国地方を主な舞台とする戦記物『陰徳太平記』が出典の「武士は渡りもの」ということわざを紹介し、《一生に七回も主人を替えた「渡り奉公人」の代表格といえる武将》である藤堂高虎を紹介し、その藤堂を主人とした、藤堂に輪をかけて渡り癖の強かった「渡辺勘兵衛了《さとる》」というマイナーな武将を紹介しています。さらには、《近世前期になっても、雑兵のレベルではあるが、「おれは主人を四、五〇人も取ってみたが、奉公先によって考えが違うものだ」（『雑兵物語』上）という声まである》と述べています。

また、在野の研究者・鈴木眞哉氏は『戦国時代の大誤解』（ＰＨＰ新書、二〇〇七年）の中で、信長から数えて九人主君を替えた九鬼広隆という伊勢生まれの武将を紹介していました。

美談の裏には、意図があるものなのです。

■すべてを信長のせいにして隠す徳川家の事情

話を戻しましょう。

通説では、長篠の戦いで家康は信長に頭が上がらなくなります。信長の版図は二十数か国に及びますから、絶大です。もはや対等の同盟関係などと言えない力関係になりました。

結局、徳川は存在そのものが「信長の盾」であり、小競り合いでは負けっぱなしなのです。その間に信長は勢力を膨張させていったのですから、差がつくのは当然です。

そんな中の天正七（一五七九）年、正妻・築山殿の殺害事件、長男・信康の切腹事件が起こります。いずれも長らく、信長の命令によるとされてきました。

そのきっかけとなったのが、信康の妻であり信長の娘である徳姫が書いた十二ヵ条の訴状、つまり築山殿と信康を糾弾する文書です。それを信長に取り次いだ酒井忠次

よく濡れ衣を着せられる織田信長

のことを、家康は一生許さなかったという話もあります。

ところが、真相は全然違うようです。

最近の研究によれば、家康が遠江に移り、三河には息子の信康がおり、そのおかげで二つの派閥ができていて、それを収拾しなければならなくなったのが信康切腹の原因だろうと考えられています。徳姫と築山殿、つまり嫁姑の折り合いが悪いことに舅の信長が怒り狂ったというのは後世の創作で、信長なら「それくらいやりかねなかったのではないか」と皆納得してしまったのだろうということです。

要するに、何でもかんでも信長のセイ、ということです。

ちなみに信長側の記録である『信長公記』には、酒井忠次の取次の件も信康切腹事件も築山殿殺害事件も出てきません。

酒井が「十二ヵ条の訴状」を安土城まで取り次いだとされる一五七九年の『信長公記』を見てみましょう。

信長は、正月を安土城で過ごしていますが、その後は安土城を離れ、二月は二条に新造営した城に、三月、四月は摂津・伊丹へ出陣して過ごしています。再び安土城に入るのは五月三日のことです。

十二ヵ条の訴状を酒井忠次が信長に届けた日は明らかではありませんが、築山殿殺害が八月二十九日ですから、十二ヵ条の訴状が本当だとすれば、信長がそれを知ったのは五月から八月の長くても三ヶ月の間ということになるでしょう。

たった三か月で、しかも娘と姑の喧嘩を理由に、同盟者の息子を殺させるでしょうか。常識で考えて、内政干渉をするわけがありません。

■完全な火事場泥棒、本能寺の変で焼け太りする家康

天正十（一五八二）年、信長は念願の武田討伐を果たします。戦功のあった家康は駿河を拝領することになります。駿河だけとは、なんとも信長はケチです。ケチが悪いかどうかは別にして、家康はそのお礼に安土城に上がります。

これは事実上、忠誠を誓う儀式です。この時点で家康は、完全に信長の家臣となり

ます。家康は信長に、堺の街を見てこい、などと言われて出かけていっているその最中に、同年、天正十年六月二日の早朝に本能寺の変が起こります。

明智光秀の謀反によって信長が死んだ第一報を聞いて、家康が「信長公に御恩があるから殉死する」と言ったという話があります。成立年は不詳ですが、石川忠総（一五八二～一六五〇年）という近江国膳所藩主などを務めた人物が書いた『石川忠総留書』に出てくるエピソードです。おそらく、百パーセント嘘です。石川忠総は大久保忠隣の次男で、大久保忠隣は『三河物語』を書いた大久保彦左衛門の甥です。

家康は急遽、三河の岡崎城へ帰還することになりますが、この道程は「神君伊賀越え」と呼ばれて、三河一向一揆、三方原の戦いと並んで「三大危機」のひとつに数えられています。この時に家康一行を助けた服部半蔵が「半蔵門」の由来になったなどという薀蓄《うんちく》はともかく、家康の動きが素早すぎます。

本能寺の変は、明智光秀が権力の空白地帯をつくりだすことを目的に起こした変です。家康としては一刻も早く逃げたい気持ちはわかります。実際、命が助かり、本領に戻れました。

問題は、その先です。

本領に戻った家康は、旧武田領の甲斐信濃に攻め込んで制圧しました。これで三河、遠江、駿河と合わせて、五か国の大大名です。

これまで当時の家康の行動は「信長公の敵討ちをしようと思ったら秀吉が先に光秀を討っていたものだから、代わりに甲州信濃を制圧した」と説明されてきました。

では、甲斐と信濃はその時、誰のものだったでしょうか。

織田領です。

ここを制圧するということは、二十年の盟友である織田家に弓を引いているのです。完全な火事場泥棒、侵略戦争です。

ところが、明智光秀を謀反人と言う人はいても、家康を裏切り者と罵る人はいません。これがプロパガンダというものです。

ついでに言うと、これは秀吉に了解をとってやったことだそうです。二人して、光秀一人を悪者扱いし、利権の山分けをしている格好です。

本能寺の変で家康は焼け太りしました。桶狭間の戦いの後で今川領を食いまくった仕業の再現です。かくして家康は、今川、武田の旧領土を全部わがものにしていきました。

■無能な秀忠は嘘？　関ケ原の遅刻演出の真意

本能寺の変を境に、織田家の跡目争いが始まります。二男の信雄と三男の信孝というバカ息子同士が争い、まずは信孝が消され、信雄は家康を頼って秀吉に対抗しようとしたけれども、あっさり、秀吉の軍門に下ります。

天正十二（一五八四）年の小牧・長久手の戦いは秀吉vs.信雄・家康の戦いでした。家康は直接決戦で秀吉に勝ったと宣伝しまくりました。

でも、家康が勝ったのは、たった一日だけの話です。緒戦では犬山城を秀吉に落とされ、小牧・長久手で睨み合って、一回だけ野戦で勝ったのを、さもすべてであるかの如く言いふらしただけです。翌日にはまた睨み合いに戻り、最後には家康が降伏しているのが小牧・長久手の戦いです。

小牧・長久手の戦いは、秀吉対家康の「天下人同士の唯一の直接対決」として江戸期には特筆大書されますが、それには理由があります。関ケ原の合戦を威張り散らせないからです。

秀吉が生きていた時、家康は臣従を徹底します。秀吉が死んだ瞬間、もはや日本に怖いものは無しと、牙をむき出しにします。家康は婚姻や手紙攻勢で、大名を味方につけます。要するに買収していっているわけです。

これに異を唱えたのが豊臣の忠臣である石田三成でした。二人の対立は、一六〇〇年の関ケ原の戦いへと至ります。

決戦は一日で終わりました。実は小早川秀秋は最初から裏切っていた。日和見の秀秋に業を煮やした家康が鉄砲を撃ちかけて脅した、いわゆる問鉄砲はなかった。朝から始まって十二時には終わっていた（通説より二時間早い）。等々、関ケ原の戦いに関しては興味深い新説が次々と出ています。ご興味がある方は、白峰旬『新解釈　関ケ原合戦の真実』（宮帯出版社、二〇一四年）をどうぞ。

それはともかく、関ケ原の戦いは予想外に早く終わり、徳川の主力は決戦に間に合いませんでした。家康の息子の秀忠が遅刻したために、家康は三河武士団ではなく外様の連中を率いて戦ったのです。これが大問題で、恩賞について外様の連中に気を使わなければならなくなり、後の徳川幕府の形態を決めたのです。

豊臣秀吉

関ヶ原の合戦は、日本中の誰一人として一日で終わると思っていませんでした。秀忠の遅刻の原因は、真田氏が籠る上田城を攻めあぐねたからです。徳川は過去にも上田城で大敗を喫しており、景気づけに落として恥も雪いでしまおうと考えていたら返り討ちにあった、と信じられてきました。

ところが、実際は家康が「信濃の真田を落とせるなら落としてこい」と言ったのが発端なのです。つまり、秀忠は命令を忠実に守りましたが、敵の抵抗が手ごわいので無理攻めをせずに関ケ原へ急いだら、戦いが終わっていたということです。むしろ、どうして家康の方が待っていないのか。家康の方にこそ伝達ミスの責任があります。

しかし、三河武士団としては「神君家康」に傷がつくとまずいので、秀忠が責任をかぶらされました。「無能な秀忠ですら将軍職に就けるシステムをつくった神君は偉い」ということにもなりました。これもまたプロパガンダです。秀忠もそれは当然承知だったでしょう。

逆に、無能として存在している方が、秀忠自身にとっても都合がいいのです。徳川家全体にとって、家康と秀忠、どっちが無能なのかといえば、秀忠を無能にしておく方がよく、そこがまさにポイントなわけです。

■『吾妻鏡』を愛読していた家康は歴史認識をプロパガンダした

家康は豊臣家を、大坂冬の陣と続く夏の陣で滅ぼします。

家康が豊臣家にケチをつけるのに使った、有名な「国家安康・君臣豊楽」の鐘銘事件については、NHK大河ドラマ『真田丸』が真相を披露していました。これまでの通説では、家康の言いがかりに過ぎないとされてきましたが、真相は「国家安康・君臣豊楽」は豊臣側が意図的に行った本当の嫌がらせだったということです。文字を書いた坊さんがぺらぺらとしゃべってしまい、臭わすというレベルではすまなくなったということのようです。

鐘銘事件は慶長十九（一六一四）年の出来事です。その頃になると、徳川の天下はすでに、徳川が悪者になっているほうが庶民のガス抜きになっていいという状況にまでなっています。元和元（一六一五）年の大坂夏の陣の後、真田幸村が豊臣秀頼を背負って薩摩に逃げたみたいな噂が流れます。徳川はそういった噂をわざと野放しにしています。それが実は徳川流の統治術なのです。

徳川はガス抜きが得意です。つまり、悪口はどんどん言え、ということです。実権を握っているから、痛くもかゆくもありません。

ちなみに、真田の話はいつのまにか、薩摩に逃れた秀頼は大酒飲みで島津の殿様を困らせて、みたいな話に変質していき、豊臣が無力化されていくわけです。


みなさんが習ってきた、徳川・三河武士団とぜんぜん違う実像が見えてきました。ここまで述べてきたような経緯で出来上がった三河武士団のイメージが、「最強」そして裏切り者が出ない「結束力」です。だから、信義を守り忠義をつくせ、というメッセージが力を帯びます。そういう三河武士団だったからこそ天下をとれたのであり、天下をとった神君家康には決して逆らってはいけない、ということになります。

三河武士団は、嘘の混ぜ方が巧妙です。かなりのことが本当です。無いことはつくりません。真相は真逆のことであっても、みんながそう信じています。

ちなみに、鎌倉の北条家も歴史戦が得意でした。『吾妻鏡』という鎌倉時代末期に成立した歴史書があります。鎌倉幕府初代将軍・源頼朝から第六代将軍・宗尊親王までの将軍記です。

『吾妻鏡』には、頼朝の間抜けさが随所に出てきます。頼朝のカリスマ性を称えながらも、人間的に問題があったから世は北条に移ったのだというストーリーに読者を誘導しています。

プロパガンダとは「意思」です。

自分の意志をどのように他人に押し付けるか、どうコントロールしたいのかという意思です。

家康は、『吾妻鏡』を愛読していました。天下を仕切る実務だけではなく、歴史認識をプロパガンダするということを勉強していました。

日本人は、歴史戦で勝てないとか、そういうわけではまったくない民族なのです。

そんなボヤキ方をするくらいなら、徳川家の歴史戦に学ぶべきです。

第二章

このままでは、日本は歴史問題で絶対に勝てない

■日本占領政策はアメリカ南北戦争そのもの

昭和二十年八月十五日を「終戦の日」と呼ぶのは構いません。苦しむ国民を見るに見かねた昭和天皇のご聖断によって、アメリカの空襲は終わりました。当時の大日本帝国憲法の通常の手続きでは天皇には権限がないのですが、鈴木貫太郎首相の「終戦工作」によってご聖断が可能となりました。本来の権限者である首相が、「あまりに重大ですから陛下、お決めください」とご聖断を仰いだので、天皇が権限を持つことができたのです。

首相から天皇に権限を委譲するには、尋常ではない工作が必要でした。天皇に権限がないのをいいことに「戦争をやめるな！」と絶叫する訳の分からない人たちがサーベルを振り回している危ない時代でしたから、下手なやり方では天皇に責任だけが及んで戦争が止まらないという、悲惨な状況もありえたのです。

そうした経緯を踏まえれば、昭和天皇や鈴木貫太郎首相らをたたえる意味で、昭和二十年八月十五日を「終戦の日」と呼ぶのは構わないと思います。

しかし、事実としてそこで戦争が終わったわけではありません。むしろ、そこからが戦争の本番なのです。

同年九月二日、日本政府は降伏文書に署名し、ポツダム宣言を公式に受諾しました。その後、連合国占領軍として日本に入ったアメリカは、いろいろな占領政策を実施します。

占領政策の内、二大看板が「戦犯裁判」と「憲法の押し付け」です。

戦犯裁判である東京裁判（極東国際軍事裁判）は、昭和二十一（一九四六）年から二十三（一九四八）年にかけて行われます。日本国憲法は同年に公布され、翌年に施行されました。

それらを教育によって正当化していくということを含め、なぜこれら二大看板なのでしょうか。

この二つ、そしてそれらの正当化こそが、相手の総力を潰す総力戦の本番だからです。日本の歴史教科書には「自らの総力を出し切るのが総力戦」と書いてありますが、その定義が正しいならブルボン王朝だって総力戦をやっています。重税で民衆が革命を起こし、王朝そのものが転覆するまで戦争していたのですから。

近代総力戦の萌芽は、アメリカ南北戦争（一八六一～六五年）です。南北戦争は北部二十三州からなる「アメリカ合衆国」と、合衆国を離脱した南部十一州からなる「アメリカ連合国」との間の戦争です。アメリカ連合国は一八六一年に独立、独自の憲法も持っていました。フランスなどから国家承認も受けています。一八六五年、南軍司令官ロバート・E・リー将軍が降伏、アメリカ連合国の首都リッチモンドが陥落して南北戦争は終わります。

南北戦争は現在、アメリカ国内では The Civil War と呼ばれています。意味は、「内戦」です。本当は、アメリカ合衆国とアメリカ連合国という対等な立場だった国どうしの戦争を「内戦」としているのです。今のアメリカ合衆国は、アメリカ連合国という国が地球上に存在したことそのものを否定し、歴史から抹殺しているわけです。まさに相手の総力を潰す戦いです。

これはどういうことか。アメリカ合衆国は南北戦争を、対等な立場、外国間の戦争だったということを絶対に認めません。よって南軍は「敵」ではなく、「犯罪者」です。北部に逆らった南部の軍人を犯罪者として、一方的な、「裁判」と呼ぶのもおこがましいリンチで、処断しました。「南部は奴隷制という人類史上に残る悪行を働いていた」とその後の教育によって徹底し、全世界に広め続けています。連合国の憲法も廃止し、合衆国憲法に戻すことを押し付けました。憲法の押し付けどころか、国家の抹殺と悪魔化です。

日本人の読者にも、『アンクル・トムの小屋』はおなじみでしょう。奴隷としてこき使われるやさしいトムおじさんが非業の死を遂げる作品です。あの作品を読んで南部の奴隷制をかばおうと思う人はいないでしょう。現に、アメリカ南部の奴隷制を擁護すると、世界中でまともな人間として扱われません。同じように、ナチスドイツを弁護すると、社会的に抹殺されます。

そして、もうひとつ現在の国際社会では、戦時中の大日本帝国も、アメリカ南部やナチスと同じように、弁護することができないのです。

では、我々はどうやってこの歴史問題を戦いましょうか。まずは、敵が何をやってくれたかを知ること。そして、敵が何者かを知ることです。

■ソ連も「アメリカの変な人」も万能ではない

アメリカは、日本という国そのものは潰しませんでしたが、「お前たちはこういう国になれ」と日本国憲法を押し付けてきました。東京裁判で、「お前たちは悪いことをやったんだ」と、徹底的になぶり者にしました。そして、それを日本中に宣伝します。宣伝を通り越して洗脳です。

普通の人にはあまり聞き慣れないでしょうが、「ウォー・ギルト・インフォメーション・プログラム（War Guilt Information Program）」という言葉をご存じでしょうか。

第二次世界大戦の原因は日本にあり、日本はとても悪い国であるという罪悪感を植え付ける教育計画、宣伝計画です。この計画はＧＨＱによって、占領後ただちに開始されました。具体的には、報道・通信の検閲やＧＨＱが主導してつくらせた歴史書き換え番組や出版物などの形になって表れました。たとえば、今でも「大東亜戦争」という言葉は放送禁止用語ですが、これはW.G.I.P. の名残です。

では、この占領政策を行ったアメリカ人とはいったい誰なのか、何者なのかということを考えなければいけません。

日本を占領したアメリカ人と言えば、まず名前が思い浮かぶのはダグラス・マッカーサーです。マックは日本占領政策の実績を引っ提げて大統領選挙に出ようとしましたが、見事に予選落ちしました（ざまあみろ）。その時に当選したのは、マックのかつての部下のドワイト・アイゼンハワーです。アイクは、ナチスドイツを打倒し、その後の占領政策を成功させた実績が評価されました。

では、マックの対日占領政策の何が悪かったのか。実はマッカーサーの下には、ソ連のスパイみたいな人がいっぱいいいました。要するに、アメリカはアメリカでも、「アメリカの変な人」なのです。

一方、アメリカ本国にも心ある人はいて（例えば、ジョン＆アレンのダレス兄弟）、ソ連の思うがままになっているＧＨＱを苦々しく思い、マックのやり方を修正させようとしていたのです。

日本国憲法を作ったチャールズ・ケーディス大佐などは、早くから「あいつは共産主義者じゃないか」と疑われていましたし、そのスタッフのトーマス・アーサー・ビッソンなどは、モスクワと交信しながら日本国憲法の制定作業にかかわっていました。

マッカーサーも三年続けたあたりでおかしさに気付きましたが、一度やってしまったことの修正は大変です。たとえば、ＧＨＱは日本の軍隊を廃止しました。そのため、一九五〇年に朝鮮戦争が起きてしまっても、日本軍に戦えと命令することはできません。日本軍は、既にこの世に存在しないのですから。あわてて警察予備隊（後の自衛隊）を作らせましたが、泥縄です。

しばしば、日本国憲法は「メイドインUSA」と言われますが、その中身は「メイドインUSSR」なのです。USSRとは、ソ連のことです。

ただ、いつまでもGHQやソ連の責任にしてよいのでしょうか。確かにマッカーサーやGHQはやりたい放題やってくれました。ソ連のスパイも工作しました。しかし、それは七十年も前の話なのです。いまだに占領政策を引きずっているというのは、日本人自身の問題です。憲法だって最初は「押しつけ」でしたが、後生大事にしている今では「押しいただき」ではないでしょうか。

占領政策とそれを正当化する教育は、言論界（主にマスコミ）を通じて広がりました。その先陣を切ったのが、朝日新聞と岩波書店、そして東京大学です。ただ、彼らとて万能の影響力を行使してきた訳ではありません。

■共産主義は宗教であり、その信者は冷静な批判に耳を貸さない

戦後の最初の二十年間くらいは、「日本国憲法なんていつか変わるもんだろう」と

いうのが日本の大多数の総意でした。意外に思われるかもしれませんが、現・社民党の御先祖様である日本社会党だって改憲政党でした。戦後まもなく行われた社会党結党大会では、皇居に向かって遥拝するところから始まり、天皇陛下万歳で閉会しています（『資料日本社会党四十年史』日本社会党中央本部、一九八八年）。

ただ、この党の内情は複雑です。日本国憲法制定当時、既に党内左派には天皇制廃止の声があり、右派には再軍備の声がありました。昭和三十五（一九六〇）年に社会党の右派が離党して民主社会党（後に民社党に改名）を作ります。

つまり、自民党より右の人たちと共産党より左の人たちが同居していたのが、当時の社会党でした。社会党はその後、右派の人たちが出ていっては残った左派が威張り、さらに右派がいなくなっては左派がもっと幅を利かす、といった悪循環を繰り返します。今の民主党は、社会党の再現ＶＴＲのようなものです。

自民党は、自由党と日本民主党という保守二大政党が合併して成立した巨大与党ですが、野党第一党が社会党なので、何回選挙をやっても絶対に勝てる状態になります。一九四八年から九一年まで、アメリカはソ連との冷戦を戦います。人間の自由を大事にするアメリカ陣営と、共産主義を掲げるソ連は、激しく論争しました。

共産主義とは「共同財産主義」のことで、私有財産を認めない思想です。共産主義を掲げるソ連は、「アメリカは自由主義と言うが、それは金持ちだけの自由ではないか！　金持ちと貧乏人が対等の競争などできるわけがない！　見せかけの対等であって自由でも何でもない！　すべての人間から財産を取り上げ人類共同の財産としなければ、真の平等は実現しないのだ！」などと、全世界を煽りまくりました。この主張の厄介だった点は、資本主義に対する批判が本当のことばかりで、極めて秀逸だったことです。

「じゃあ、その全人類の財産を管理するのは誰だ？」と聞くと、「共産党（という独裁政党）だ」という答えになるので、一瞬でボロが出るのですが、そうはいかなかったのが現実の歴史です。

共産主義とは、一種の宗教です。共産主義を考え出したカール・マルクスは「宗教はアヘンだ」と毛嫌いしましたが、一方で「宗教を否定するところから始まる宗教ほど危険なものはない」とも言っています。自分のことです。

共産主義の〝信者〟は冷静な批判に耳を貸しません。しょせん共産主義など「世界中の政府を転覆して、世界中の金持ちを皆殺しにすれば、全人類は幸せになれる」程度の思想しかないのですが、下手に学のある〝信者〟ほど手におえない者はありません。だからアメリカやヨーロッパは必死に論争し、戦ったのです。

では、我が日本は？

棲み分けをしました。

言論界、すなわちマスコミや学会は、共産主義者に明け渡しました。インテリたちは好き勝手言っていい、という態度です。

明け渡したのは、自民党です。自民党は結党の最初こそ共産主義との闘争（反共）を鮮明にしていましたが、いつのまにかどうでもよくなっていました。何回選挙をやっても、絶対に勝てるのですから。普通の日本人は、共産主義のような危ない思想には近づきませんし、ましてや政権与党にしようなどとは考えません。共産党どころか、社会党だって嫌なのが、普通の日本人です。

「プロ野球界のスーパースターである長嶋茂雄さんは「社会党に政権を渡したら野球ができなくなる」と言っていましたが、左派の共産主義者が幅を利かせている社会党を常識がないと判断していたのです。インテリがマスコミ（朝日新聞）や学会（岩波書店）で何を言おうが、知ったことではないのが、長嶋さんのような普通の庶民感覚に支えられた自民党の態度なのです。

こうして、いつしかマッカーサーが始めた「日本は悪い国だ」「今の憲法でまともな国に生まれ変わったんだ」などなどの思想は放置されるようになりました。

昭和三十九（一九六四）年の東京オリンピックくらいまでは、日本国憲法のことを「新憲法」と呼んでいました。ところが四十年代になると「新憲法」が死語になりました。日本国憲法が定着したということです。

■言論界、教育界などは放っておいても大丈夫だと思い込んでいた

言論界、教育界などというものは、もちろん政権与党ではないし、財界の主流派でもありません。官僚として実際の権力を握っているわけでもありません。それゆえ、「放っておいてもどうにでもなる」と思っていたところ、いつのまにか今のような状態に至りました。ウォー・ギルト・インフォメーション・プログラムの教育を受けて育ち、そういう言論を信じる人達が政官財界に入り、いつのまにか多数派になってしまったのです。

怖いのは、試験問題です。たとえば、司法試験・公務員試験・教員採用試験では、

日本国憲法は必須です。その試験問題は、マッカーサーが作った落書きを正当化する問題です。試験に受かりたければ、「日本国憲法は素晴らしい。矛盾などない」と書かねばなりません。

敗戦から二十年くらいは、日本のリーダーになる頭がいい学生は、「はいはい。これが正解なんでしょ」と、日本国憲法がマッカーサーの落書きにすぎないとわかって、試験に受かるためだけに模範解答を丸暗記して書いていたものです。ところが、三十年、五十年、七十年とそんなことを続けていると、「日本国憲法こそ本当に素晴らしい」と信じる学生も出てきます。現代では多数派は、「日本国憲法の何が悪いの?」です。

制定直後は、保守政党はもちろん社会党も含めて「日本国憲法など、そう遠くない未来に捨てる」と思っていたのですが、いつのまにか定着しました。

こういう例は、実は歴史上よくある話です。

たとえば十九世紀のフランスは、一八七〇年にナポレオン三世が退位して第二帝政が終わり、第三共和政に移行します。政局の内情は王党派が多数派であり、ナポレオン帝政派と組めばいつでも王政復古できました。しかし王党派と帝政派が内ゲバを繰り返している内に共和派が多数になってしまい、第三共和政は一九四〇年にヒトラーに征服されるまで続くことになります。それどころか、王政にも帝政にも復帰していません。ただし、今でもフランスでは、王党派も帝政派も復権をあきらめていないようですが。

我々もマックにやられたことが悔しいなら、やり返すことを考えればいいのです。

仮に日本がアメリカを占領していたとしたら何をやるだろうか。

まず、アメリカ合衆国憲法に代えて、憲法九条みたいなものを押し付けましょう。アメリカ軍は廃止です。前文で「平和を愛する諸国民の公正と信義を信頼して生きる」と宣言させましょう。さらに、日本に対して戦争を仕掛けたおまえたちは悪いやつだと裁判をやり、教育で刷り込みを徹底し、アメリカ合衆国はこんな悪いことをやったと世界中に広める。実際アメリカは悪いことをやっているわけですから、効果覿面《てきめん》です。

と、ここまできて「世界中の民族を殺して回った」ことが世界中に宣伝される時、アメリカ人はどうするでしょうか。いきなり占領下において日本に靡《なび》く裏切り者もいるでしょうけれども、それがはたして多数派なのかどうか。今に見ていろ、と思う人のほうが多数派であるはずです。

しかし人々には生活というものがあります。日々の暮らしに追われて実際に反抗の動きはしないだろうし、反抗すれば軍事力で抑え込まれます。そういうことなのです。それでも心の中では、反抗心を忘れないでしょう。

なぜこんなことを言っているかというと、単なる妄想ではなく歴史にヒントがあるからです。

実際、南北戦争後のアメリカ南部もそうでした。南部の敗北をもって一八六三年にリンカーンが発した奴隷解放宣言が効力を発しますが、その後百年、ちゃんと（？）人種差別を続けています。人種差別を法的に何とかしようとしたのは、リンカーンではなくてジョン・F・ケネディです。黒人にも対等の権利を認める公民権法は、一九六三年にケネディ大統領によって議会に提出され、その翌年、ケネディ暗殺後に制定されました。

■サンフランシスコ条約でも日ソ交渉でも、歴史問題は話題にならなかった

マッカーサーの悪口を言うだけ日本が良くなるなら私もいくらでも言いますが、他

にもやることがあります。断っておきますが、「言うな」ではありません。「他のことをやれ」です。

敵と戦う前に真っ先にやることは、裏切り者のあぶり出しです。

マックは日本を侵略国家だとしました。そして、東京裁判でそれを確定させました。では、世界で最初に日本を侵略国家呼ばわりし、東京裁判を正当化したのは誰でしょうか。

横田喜三郎東京大学法学部教授です。

昭和六（一九三一）年の満洲事変に際し、いち早く「侵略だ」と言い出し、東京裁判が始まった直後に「これは文明の裁きだ」などと言いました。いつの時代も裏切り者が出るのは仕方ありませんが、対処を誤ると大ごとです。

フランスなどは、「占領中にドイツ人と恋愛関係にあった女」を丸坊主にして市中引き回しにしました。「それはやりすぎだろう」と思った方は、小著『嘘だらけの日仏近現代史』（扶桑社新書、二〇一七年）を熟読ください。「やりすぎ」かもしれないフランスと、「オンリー」と呼ばれる占領軍の将校の愛人になった女が威張り散らした日本。どちらが健全でしょうか。フランスは大国に舞い戻りましたが、日本は負けっぱなしです。

また、フランスは憲法無効宣言をしています。ナチスはフランスを占領した一九四〇年、第三共和政憲法を停止しました。それから五年間、フランスを支配下に置きます。しかし、フランスはナチスを追い払った後、ナチスの定めた法令をすべて無効にすることを宣言しました。

我が国は昭和二十七（一九五二）年四月二十八日のサンフランシスコ条約発効（締結は前年）でもって、独立を回復しました。しかし、その日から今に至るまで日本国憲法を押しいただいています。時の首相吉田茂は、その方が都合が良いと思ったのです。そして、その吉田に連なる人たちが「保守本流」を名乗っています。

マスコミが何を言おうが、選挙になれば連中の主張が通ることはありません。常に自分たちが多数派として権力を握れるなら、言論界で間違ったことが通ろうと、教育で日本が貶められようが構わない。それが「保守本流」の人々の考え方です。

吉田茂は七年に及んだ占領を解消するために、アメリカを筆頭とする連合国と交渉しました。これにソ連が「俺に話をしないとは何事だ」とへそを曲げます。ソ連に同調する国など七か国もいませんが、アメリカに従う国は五十数か国です。ソ連とその徒党など無視して「多数講和」の交渉を急ぎました。一刻も早く外国に占領されている状態を脱したいからです。

ところが、東京大学総長の南原繁ら言論人は吉田のやり方を「片面講和」とレッテル張りし、「全面講和」を求めました。吉田は南原を「曲学阿世の徒」と罵り、歯牙にもかけません。吉田としては実際に国を動かしているのは自分であり、南原らソ連の回し者のような学者が何を言おうが、それこそ多数の国民は自分を支持してくれると信じたのです。事実その通りになりました。

ところが、言論界を放置した結果が今です。

吉田も、まさか何十年も後になって歴史問題を蒸し返され、日本が周辺諸国のタカリに遭うなど想像もしなかったでしょう。吉田は自分の手で解決したつもりでしたから。

吉田が結んだサンフランシスコ平和条約は、第二次世界大戦の講和です。講和とは、「これから先は過去の事を蒸し返さないで手打ちする」という意味です。その際、日本国自らの意思で日本国憲法の改正もしませんでした。また、東京裁判の判決を受け入れるとしました。日本も有罪とされた人の再審請求もしないし、連合国もさらなる

郵便はがき

お手数ですが
切手を
お貼りください

1 5 0 - 8 4 8 2

東京都渋谷区恵比寿4-4-9
えびす大黒ビル
ワニブックス 書籍編集部

お買い求めいただいた本のタイトル

本書をお買い上げいただきまして、誠にありがとうございます。
本アンケートにお答えいただけたら幸いです。
ご返信いただいた方の中から、
抽選で毎月5名様に図書カード（1000円分）をプレゼントします。

ご住所　〒

TEL（　　-　　-　　）

（ふりがな）
お名前

ご職業

年齢　　歳

性別　男・女

いただいたご感想を、新聞広告などに匿名で
使用してもよろしいですか？　（はい・いいえ）

※ご記入いただいた「個人情報」は、許可なく他の目的で使用することはありません。
※いただいたご感想は、一部内容を改変させていただく可能性があります。

●この本をどこでお知りになりましたか?(複数回答可)

1. 書店で実物を見て　2. 知人にすすめられて
3. テレビで観た(番組名:　)
4. ラジオで聴いた(番組名:　)
5. 新聞・雑誌の書評や記事(紙・誌名:　)
6. インターネットで(具体的に:　)
7. 新聞広告(　新聞)　8. その他(　)

●購入された動機は何ですか?(複数回答可)

1. タイトルにひかれた　2. テーマに興味をもった
3. 装丁・デザインにひかれた　4. 広告や書評にひかれた
5. その他(　)

●この本で特に良かったページはありますか?

[　]

●最近気になる人や話題はありますか?

[　]

●この本についてのご意見・ご感想をお書きください。

[　]

以上となります。ご協力ありがとうございました。

訴追はしないとの合意です。そして、ネオナチのようなことをやらないという合意もしました。こんなことは紙に書かなくても、当然の合意です。吉田茂自身は戦時中に陸軍と対立して牢屋に入れられているのです。ナチスと同盟を組んだような連中の台頭など、もっての外なのです。

吉田の後を継いだ鳩山一郎は、ソ連との懸案を片付けました。日ソ共同宣言で、大戦のドサクサでシベリアに抑留された五十万人の日本人を取り返しました。また、火事場泥棒のように奪われた北方領土は、「平和条約が結ばれたときに二島返還」という形で棚上げしました。どれくらい棚上げしたかというと、ソ連が滅びるまで、ついぞ平和条約を結びませんでした。

日本としては、和平の仲介を友好国のソ連に依頼していたら、だまし討ちで奪われたのが北方領土です。しかし、ソ連としては戦利品です。ましてやだまし討ち（＝侵略）で奪ったなどと認められるはずがありません。だから、人命の問題は急ぎ、領土は棚上げしたのです。

サンフランシスコ条約でも日ソ交渉でも、歴史問題は話題になりませんでした。

最初に歴史問題が外交問題となったのは、田中角栄の時です。

■日本人みずからが言い出した南京大虐殺

昭和四十七(一九七二)年、田中角栄はそれまでの友好国の台湾(中華民国)を切り捨て、大陸(中華人民共和国)と結びました。その時の日中共同声明は、前文と本文九項目からなりますが、前文に「日本側は、過去において日本国が戦争を通じて中国国民に重大な損害を与えたことについての責任を痛感し、深く反省する」と明記されています。

中国側の時の首席・毛沢東も、国務院総理・周恩来も、交渉の駆け引きとして歴史問題をジャブのつもりで繰り出しただけでした。ところが、ストレートのごとく日本が食らってくれた。ラッキーパンチと思ったでしょう。

日本の外務大臣は大平正芳でしたが、中国側と田中・大平が交渉でもめることはほとんどありませんでした。ひとり、高島益郎という外務省の条約局長が「日台条約は不法だ」と言いだす中国側に文句をつけましたが、大平が押さえつけました。台湾とは吉田茂の時に「日華平和条約」を結び、二十年来の友好国でした。ところが大平は、大陸と結ぶにあたり、一片の外務大臣談話で条約の破棄を一方的に宣言します。

尖閣と南京事件が話題になるのは、この交渉の直前です。「尖閣諸島は日清戦争で日本が奪ったのであって、中国のものだ。日本は日中戦争の際に南京大虐殺をやって、多くの民間人を殺したのだ」と中国側が言い出しました。

尖閣諸島は日清戦争と関係なく日本の領土でしたし、南京大虐殺など東京裁判になってから持ち出された代物です。被害者数が最初は二十万人だったのが、三十万人に増えました。広島・長崎の原爆の被害者数が二十万人と思っていたら三十万人だったので、それに合わせて南京大虐殺の被害者も増やした、というお粗末極まりないプロパガンダです。

ところが、何としても「中国との国交回復」をやり遂げたいと前のめりになった田中・大平は、周恩来が言い出した話を全部丸呑みします。

それに輪をかけたのが日本のマスコミです。先陣を切ったのが、朝日新聞記者の本多勝一でした。

本多勝一が朝日新聞に「中国の旅」の連載を開始したのは日中共同声明の前年、昭和四十六（一九七一）年です。「中国の旅」で本多は、南京大虐殺を大きく取り上げました。中国側は「これは外交の道具に使えるかもしれない」と考えるようになりました。

とは言うものの、最初は日本に台湾を切り捨てさせ、自分たちの味方につけなければなりません。実は当時は「このタイミングで日本ともめそうな話を持ち出して大丈夫か？」と、中国の方がおっかなびっくりでした。外交常識です。

ところが、日本のマスコミは「中国に謝罪しよう」の一辺倒。これに、田中角栄は「どういう表現の謝罪なら中国は納得するか」と模索する始末。

田中がスピーチで「迷惑をおかけしました」と言ったら、周恩来が「それは町で水たまりを踏んで水をかけた時の表現だ」などと言い出します。周恩来は日本語ができるので田中の発言のニュアンスはわかっていました。ここで押せばもっと引くだろうと駆け引きをしていたのです。結果、田中は平謝りでした。それを毛沢東がとりなす……。

子供扱いでした。

マスコミが何を言おうが政権与党がちゃんとしている、という吉田茂以来の図式がこの時以来、崩れ去ってしまいました。

田中角栄の大罪です。

■歴史問題を決定的にした歴史教科書検定に関する誤報

田中角栄は一時的に失脚しますが、ほどなくして「闇将軍」として返り咲きます。福田赳夫・大平正芳・鈴木善幸・中曽根康弘の四代の内閣で総理大臣以上の権力を振るいました。

その中で最悪だったのが鈴木善幸です。もともと総理大臣など目指しておらず、当然そのための修業はしておらず、識見ゼロ。大平の急死で、田中が自分に都合のいい人物を総理大臣に据えただけです。

鈴木善幸首相の誕生により、「どんなバカでも、角栄に忠誠を誓えば総理大臣になれる」という風潮が出来上がってしまいました。田中は、自分の権力を誇示するために無能な人間を意図的に要職に据える悪癖があります。まさに善幸がそうでした。

この鈴木内閣がやらかします。歴史教科書問題です。

一九八二年六月、大手新聞とテレビが、「来年から使用予定の高等学校用日本史教科書の検定において、文部省が中国〝侵略〟を〝進出〟と書き改めさせた」という内容の報道を行いました。六月二十六日付の朝日新聞の第一報は、一面ヘッドラインが

「教科書さらに『戦前』復権へ」、大見出しが「『侵略』表現薄める」というものでした。

ところが、これがまったくの誤報でした。

この時、中国と韓国は歴史上まれに見る親日政権でした。当時の中国は鄧小平体制、韓国の大統領は全斗煥でした。少なくとも、中韓両国で後にも先にも「この人より親日は誰だ？」と言っても出てこないほどの親日でした。だから、中国の反鄧小平派、韓国の反全斗煥派が、揺さぶりのために日本の教科書問題を利用したのです。

鄧小平も全斗煥も、自国のメディアで報道したので、ひとこと言わないわけにはいかなくなります。とはいうものの日本の内政問題なので、「勝手にさせてもらう」と言われたら引き下がるつもりでした。ところが、なんと日本が謝ってきました。

八月二十六日に宮澤喜一官房長官が、この件に関する談話を発表しました。

戦争への反省を明らかにした一九六五年の日韓共同コミュニケ、一九七二年の日中共同声明について触れ、「このような日韓共同コミュニケ、日中共同声明の精神は我が国の学校教育、教科書の検定にあたっても、当然、尊重されるべきものであるが、今日、韓国、中国等より、こうした点に関する我が国教科書の記述について批判が寄せられている。我が国としては、アジアの近隣諸国との友好、親善を進める上でこれらの批判に十分に耳を傾け、政府の責任において是正する」と明言しました。

こうなると中国も韓国も、一歩も引けません。特に、後の人は。前任者よりも日本に対して弱腰だと思われたら、自分の首が飛びかねません。

かくして、中韓との歴史問題が外交問題化します。

■本当は手打ちして済んでいたはずの歴史問題

鈴木内閣が火をつけた歴史問題を大火事にしたのは、続く中曽根康弘内閣です。靖国神社参拝を、今に至る外交問題にさせました。

そもそも靖国神社とは、明治維新の際の戊辰の役における官軍の戦没者を祀る神社で、日清戦争以後は大日本帝国の為に戦って死んだ人を祀る神社として定着しました。

GHQは靖国神社を軍国主義の象徴として潰そうとしましたが生き残り、敗戦後も歴代総理は、春と秋の例大祭に参拝していました。昭和天皇も、何回も参拝しています。


昭和五十（一九七五）年、三木武夫首相が初めて八月十五日に参拝しました。言うまでもなく大東亜戦争の敗戦記念日です。別に靖国神社は大東亜戦争の戦死者だけを祀る神社ではないので、八月十五日という日付には何の意味もないのですが、タカ派に媚びた三木がパフォーマンスでこの日を選んだのです。ついでに言うと、内閣法制局の見解に従い、「公式」ではなく「私的」な参拝だと強調しました。こうした三木のちゃらんぽらんさに関しては、小著『政争家・三木武夫』（講談社、二〇一六年）をどうぞ。

ただ当時、中国や韓国が抗議してくることはありませんでした。日本の内政問題、それどころか、言ってしまえば単なるお墓参りですから。他人の墓参りにケチをつけるなど、文明人のやることではありません。

ところが、中曽根は三木に輪をかけてパフォーマンス好きでした。昭和六十（一九八五）年、中曽根内閣は全閣僚が、「八月十五日」に「公式参拝」します。靖国神社参拝が政治問題化した瞬間です。

既に前任の鈴木内閣の時点で歴史問題が沸き起こっており、日本側が「教科書検定では中国や韓国に配慮する」と公約しています。ならば、中曽根内閣の公式参拝は、それに逆行する動きとして、中国や韓国は抗議せざるを得ません。

ここで突っぱねれば中曽根は歴史問題を解決した名宰相だったでしょうが、すごすごと参拝そのものを取りやめてしまいました。あっさり圧力に屈したのです。

一応、中曽根の言い訳を紹介しておくと、「あそこで参拝を強行すると、胡耀邦が失脚するかもしれない」でした。胡耀邦とは親日的と目された中国の指導者で、中曽根が靖国神社に参拝すると対日軟弱派として政敵に追い落とされるかもしれないと危惧したというのです。とは言うものの、中曽根の参拝中止と何の関係もなく、胡耀邦は失脚しました。

そのあとは、目を覆うばかりの惨状です。

宮澤喜一内閣では、官房長官の河野洋平が河野談話を発表しました。戦時中に日本軍が韓国人を従軍慰安婦として強制連行し、売春を強制させたことへのお詫びを表明したのです。ここを出発点に、「日本軍が」「二十万人の韓国人女性を」「強制連行して」売春をさせたとの慰安婦問題が世界中に拡散されます。

東京裁判の時点で日本は犯罪国家とされていたのですが、鈴木内閣で蒸し返すまではなかったことにしていました。ところが宮澤内閣に至っては、「性犯罪者国家」「強姦国家」の烙印を押されてしまったのです。

宮澤内閣からの政権交代によって誕生した非自民連立の細川護熙内閣は、「過去の侵略戦争」をお詫びする「細川談話」を公表します。

さらに政権交代を経て成立した社会党の村山富市内閣は、「村山談話」で未来永劫、アジア諸国にお詫びすると表明します。

その後、戦後六十年の小泉純一郎内閣でも、戦後七十年の安倍晋三内閣でも、「小泉談話」「安倍談話」が発表されますが、内容は大同小異です。

南京、教科書、慰安婦、そして最近では沖縄やアイヌの問題まで歴史問題にされています。鈴木内閣以降、ズルズルと後退するばかりです。

問題は、一九九一年にソ連が滅んでも、状況が一向に好転しないことです。

理由は簡単で、日本は冷戦の勝者ではないからです。

冷戦でソ連を崩壊に追いやったアメリカは、ヨーロッパでは自由主義陣営の結束を訴えましたが、アジアでは共産主義の中国と組みました。日本が頼りないからです。

その間「闇将軍」として君臨した田中角栄は、反米・親中の政治家でしたが、当のアメリカが親中なので、田中の親中政策は問題になりません。と言うか、当時日本は相手にされていなかったというのが正確です。

よく、田中角栄はアメリカに逆らったからロッキード事件で逮捕されたという陰謀論を唱える人がいます。それは、部分的には正しいのですが、全面的に正しいわけではありません。

確かに田中とアメリカの間は緊迫していましたが、田中が闇将軍として君臨する頃になると、アメリカも田中潰しはしていません。ソ連との冷戦が本格化している中、そこまで日本を相手にしていられないからです。実は田中が闇将軍として君臨できたのは、アメリカが本気で田中を潰しに来なかったからでもあるのです。

田中のあと、「闇将軍」の地位を継いだのは竹下登です。冷戦が終わった一九九〇年代、アメリカではビル・クリントンという稀代の親中政治家が八年も大統領をやります。竹下の「闇将軍」時代ともろにかぶります。

国際政治が変動しても日本の政界はこの体たらく。言論界には少しだけ、異を唱える勢力が出てきました。

それが、平成九（一九九七）年に結成された「新しい歴史教科書をつくる会」であり、小林よしのり『新・ゴーマニズム宣言SPECIAL　戦争論』（幻冬舎、一九九八年）でした。いずれも、東京裁判史観に基づく自虐的な歴史教育に異を唱える主張をしていました。彼らの主張は、マスコミでも大反響を呼び、つくる会や小林氏は「極右」のレッテルを張られました。ソ連崩壊から五年以上もたって、日本はまだまだそういう言論状況でした。

それが決定的に変わるのは、二〇〇二年九月十七日です。平壌に乗り込んだ小泉純一郎首相に対し、朝鮮労働党総書記の金正日は日本人拉致を認めて謝罪しました。

これに日本全土が激昂します。昨日まで拉致問題は、「拉致などあるはずがない」「右翼のタワゴト」として扱われていました。「〝拉致問題〟という言葉を使うのは右翼」として、「拉致疑惑」としか表現させてもらえませんでした。

しかし、騙されていたことを知った日本人は怒り狂います。熱しやすく冷めやすい日本人。目覚めても二度寝するのが常の日本人が、一年くらい怒り狂っていました。敗戦後、最長記録ではないでしょうか。

こうしたことから、言論界でも「保守」と言われる人たちに発言権が生まれ、今や出版界では「ネトウヨ本は売れる」が通説です。ネトウヨとは「インターネットで右翼っぽいことを言っている人の言うことを信じる人」のことです。

隔世の感があります。

■戦国大名に学ぶ、敗戦日本の生き方

歴史問題という切り口で敗戦後の日本を見てきましたが、実に情けない限りです。世渡り上手を気取っているようで、結局はすべてを奪い取られる。何よりも真っ先に捨てたのは矜持《プライド》……。

まるで今川氏真です。

今川家の運命は、前章で見てきましたが、さらりとおさらいしましょう。

今川氏真は、永禄三（一五六〇）年の桶狭間の戦いで父の義元が織田信長に討たれたことを受けて家督を継ぎます。蹴鞠や和歌に熱中する氏真は、無為に時間を過ごし、義元の代では大国だった今川の国力を著しく低下させました。国防努力もしません。父の弔い合戦の意思も見せず、おかげで人心は離反。その結果、周辺の武田や徳川の侵略に耐えきれずに今川家は滅亡します。自助努力をしない国は滅びるのが運命です。

片や徳川家康と三河武士団は、今川義元や織田信長の手伝い戦を続けながら力を蓄えました。「いつか、俺をこき使っているやつを呑み込んでやる」との気概を隠して。実際、今川も織田も、徳川に呑み込まれました。

翻って戦後最高の宰相とされる吉田茂は、「アメリカの猟犬は嫌だ」と、再軍備を拒否します。あまつさえ、野党の社会党やマスコミを使い、アメリカには「国内を抑えられません」と泣き言で勘弁してもらう。このやり方は、佐藤栄作・中曽根康弘・安倍晋三の、歴代長期政権が踏襲しています。アメリカが「日本よ、対等のパートナーになろう」と手を差し伸べた時に限って、日本が撥ねつけています。

アメリカの対日政策には、「ウィークジャパンポリシー（日本の力を抑える方針）」と「ストロングジャパンポリシー（日本の力を助長させる方針）」があるのですが、こうした態度をとるとストロングジャパン派は失望するに決まっています。そして、日本人自ら（主体は自民党）が、ウィークジャパン派にしっぽを振りに行く……。

これで幸せなのだとしたら、つける薬がありません。

でも、幸せならそれでいいではないか。

確かに、我が国の歴史を振り返れば、過去にも似たような例はありました。

加賀前田家です。

豊臣政権の重鎮だった前田利家亡き後、息子の利長は徳川家康と張り合う意思も能力もありません。家康暗殺計画の嫌疑をかけられたとき、いきなり家康に母の芳春院

（まつ）を人質として差し出して許してもらい、関ヶ原の戦いに参戦以後、前田家は代々それなりの地位を与えてもらいます。江戸時代を通じて百万石の外様最大の大名でした。ただし、その後の歴史の表舞台には、一切登場しません。歴代藩主は徳川家の顔色を見て過ごし、なかにはわざと鼻毛を伸ばして登城してバカ殿を装い、幕府を安心させるなどという涙ぐましい努力をする殿さまもいました。

幕末でも、日本中が七十七万石の薩摩を外様最大の大名と目し、現に薩摩藩が激動の時代をリードしたのはご存じの通りです。

維新後、金沢旧藩士（加賀藩は維新後金沢藩に改称）が大久保利通暗殺計画を立てていると聞いた明治政府の初代大警視・川路利良に、「あんな奴らになにができる」と言われて放置されてしまうほど馬鹿にされていたのです。

利家が死んで、まつを家康に差し出して以降、金沢の武士が男気を見せた唯一の例外にして最後が大久保利通暗殺とは、いかにも情けない話です。石川県民のみなさんには申し訳ないですが。

加賀前田家の生き方は、それはそれで幸せな生き方です。しかし現代の国際社会における日本という国は、前田家とは違って地政学的要衝であり、今川氏真や加賀前田家のような生き方は許されません。加賀前田家は徳川家に媚びて生き残りましたが、今川家は滅びました。

今後、日本が外国に媚びて生き残れる保証など、どこにもないのです。

歴史に学ばない国は滅びます。

いや、今の日本は既に滅んでいるのですが、努力しないともっとひどいことになるでしょう。

■「歴史問題を解決する」とは、第二次世界大戦後の秩序への挑戦

歴史問題というものを考える時、今現在がどれだけの激動期なのかということに注意する必要があります。

たとえば一九九一年、ソ連がロシアに代わった時期と比べて現在は激動期でしょうか。

まったく違います。

第二次世界大戦が終結した一九四五年と比べたらどうでしょうか。

もっと違います。

では、ベルサイユ体制が成立した一九一九年、あるいはウィーン体制の一八一五年と比べれば？

言うまでもなく違います。

ウィーン体制やベルサイユ体制は完全に過去の遺物ですが、一九四五年体制は未だに健在です。ソ連がロシアに代わっても、五大国はそのままです。アメリカ・中国・ロシア・イギリス・フランス。この五大国の共通点は、核保有国で、国連安保理の常任理事国で、第二次世界大戦の戦勝国なのです。

「歴史問題を解決する」とは、第二次世界大戦後の秩序に挑戦するということです。

冷戦は、米英仏がソ連と争い、中国がソ連からアメリカに寝返って勝ち組に乗りました。共産主義という愚かな思想が滅びる流れの中で、中国は見事に生き残り、ソ連に代わる世界第二位の大国に上り詰めました。

我が日本はこうした世界の流れを、指をくわえてみているだけです。政界では自民党、マスコミを中心とする言論界は左翼リベラルが牛耳り、いつのまにか自民党までリベラル化しました。歴史問題で中韓に謝りっぱなしです。

それもそもそも、日本が戦争に負け、地球上の地図から消されたからです。

今や「日本」は国名ではなく、単なる地名に叩き落とされました。

同じような状況でも、西ドイツは違いました。敗戦後の西ドイツは、核兵器は持たせてもらえないけれども戦車を千両持ち、通常戦力では欧州最強の道を歩み、冷戦の勝利に貢献し、発言力を高め、いまやEUの中心です。イギリス・フランスと並んでいるのか上なのかわからないくらいの立場になっています。

歴史問題でも、「第二次大戦中の悪事はヒトラーとナチスがやったことだ。ドイツ人も被害者だ」などと強弁し、押し通しています。そして、冷戦の勝利とともに東ドイツを併合し、念願の祖国統一を果たしました。ドイツは紛れもなく、冷戦の勝者です。

今川氏真の道を歩む日本とは逆に、三河武士団の道を歩んで来たのがドイツでした。

第三章

安倍政権六年、なぜ保守は負けっぱなしなのか

天皇陛下の御譲位に国民の9割以上が賛成なのに、保守ときたら!!!

今まで騙されていた！　この歳になって、やっと本当のことを知った！　これはみんなに知らせなきゃ！

保守に「目覚めた」人たちの常套句です。

比喩ではなく、出版界は超超超不況です。「超不況」と呼ばれた時期から、さらに二段階悲惨な状況という意味です。そうした出版不況の中でも「ネトウヨ本は売れる」と評判で、確かに一定数の支持は得ています。

そういう本を買う人たちは、「今まで騙されていた！　この歳になって、やっと本当のことを知った！　これはみんなに知らせなきゃ！」という想いで、インターネットで保守的な主張をする人たちの言動を追い、その手の言動をする言論人の本を買います。

私も勘違いした人たちに「ネトウヨ」と呼ばれることがあるのですが、迷惑です。

確かに「日本は悪い国だ」と一方的にがなり立てる左の言論は問題ですが、ではその逆を言えば正しいのか。

一番悲惨だったのは、平成二十八年に御譲位の話が持ち上がった時です。天皇陛下は「ビデオメッセージ」で直接国民に語りかけられました。「今まで自分は二度も外科手術をしてきたが、皇室と国民の絆の為に尽くしてきた。しかし、これからもこれでよいのか考えてほしい」との御主旨でした。

これには、国民の九割が賛成しました。アンケートで低い数字でも賛成八割。明確な反対は一～三％です。どこの独裁国かと思いたくなりますが、何の操作もしていません。

大半の日本国民は何をおっしゃったかがよくわからなかったでしょうが、「陛下がおっしゃることだから間違いない」との信頼があったということです。

ところが、これに猛反発したのが「保守」を標榜する人々です。安倍内閣が招集した有識者会議でも、「譲位反対」の大合唱でした。その理由が、「憲法を守れ」でした。

戦後の保守派というと日本国憲法改正が一丁目一番地だったはずなのですが、どうしたのでしょう。長い間、左翼に虐げられて被害者意識が強くなりすぎ、保守を標榜する安倍晋三政権が長期化した中で、ここぞとばかりに左翼攻撃を繰り広げていました。「ネトウヨ本」の隆盛は、その現象の一つです。左翼憎しで「我らが安倍さんを批判する者は許さない」と安倍首相の批判派を片っ端から攻撃しているうちに、天皇陛下まで攻撃し始めたという訳です。しかも、言うに事欠いて「天皇は憲法を守れ」です。

■安倍首相を0点か100点かで評価する愚かさ

保守を自称する人たちの譲位反対の論理は、「天皇が譲位することは憲法で禁止されている。しかも自ら言い出すとは何事だ」です。この論理の誤りは、小著『日本一やさしい天皇の講座』（扶桑社新書、二〇一七年）で詳述しておきました。同著は一冊丸ごと、譲位に反対する保守派の誤謬を指摘した本ですので。私などは、天皇陛下にモノを言うのは大それたことという感覚なのですが、今の保守派の人たちは実に無邪気に天皇陛下を批判していますす。「ならば、これくらい知っていますか」という本です。

ここまでお話すれば、おわかりでしょう。

安倍政権は六年続いているというのに、なぜ保守は負けっぱなしなのか。

騙されているからです。

確かに、「日本は悪い国だ。これからは日本国憲法の条文を一字一句変えずに守っていけば、我々は幸せになれる」と言い続けてきた戦後の左の人たちの主張は、明らかに誤っています。

しかし、「左は間違っている。それを正すのは安倍さんだ。日本を愛する人たちは、安倍さんを応援しよう。そうすれば、日本国憲法の条文をどこか一つくらいは変えられて、我々は幸せになれる」という右の主張は正しいのか。

安倍晋三という人のやることなすことすべてを否定する「安倍〇点」の議論は間違いです。しかし、安倍晋三という人のやることなすことすべてを肯定する「安倍一〇〇点」の議論もまた間違いです。

理由は簡単で、人間の評価に一〇〇点も〇点もあるはずがありません。

ある講演で講演後に質問を募ったところ、保守を自任する人から「倉山先生は、人間の評価に一〇〇点も〇点もあるはずがありませんとおっしゃっていますが、じゃあ菅直人さんをほめてください」と要求されました。

菅直人と言えば、東日本大震災の不手際で、多くの日本人が史上最悪の総理大臣と思っているでしょう。特に保守の講演会だと、菅直人氏の悪口を言えば必ず拍手喝采です。質問者は、どう答えるか私を試したのでしょう。

でも、私は即答でした。

「めげない」

質問者さん、一言で納得してくださいました。「そう言えば、そうだ」という顔をして。菅直人氏の執念は、しばしば「権力亡者」と評価されています。たとえば、首相在任中も「退陣の約束をした後に居座る」という態度が批判されました。そして日本中から批判されても、気にしない人でした。しかし、それも裏を返せば、「めげない」という評価もできるのです。

○点と一〇〇点の中間の、一点から九九点のどこかに正解があるかもしれないから、みんなで考えて議論して探す。それが左右関係なく大人の常識だと思うのですが、残念ながら今の日本の言論には、安倍首相にケチをつける「安倍○点」と、その逆の「安倍一〇〇点」の議論しかありません。

ある時、安倍自民党憲法案を徹底批判する講演をしたら、何を血迷ったか護憲派の某新聞の記者が喜んで取材に来たことがありました。私は改憲論にも批判的ですが、護憲は論外だと思っているので、呆れましたが。

■日本の状況を四分割する「右上」「右下」と「左上」「左下」

要するに、「安倍〇点」も「安倍一〇〇点」も、勉強していない結果なのです。少なくとも、生半可な知識で止まっていて、他人の言うことなど理解しようとしない。私はこういう人たちを「左」「右」と言わないで、「左下」「右下」と呼んでいます。「左」「右」という二択の議論こそが、人をミスリードすると思っていますので、せめて四択の議論でモノを考えようと提唱しています。

具体的に解説しましょう。

本物の共産主義者はソ連崩壊で劣勢になり、いまや日本国の少数派です。昔の共産主義者は難しい原書を読んでいて学はありましたが、今の「安倍〇点」だけをがなり

左上（体制側） 日本国を愛していない。しかし、日本政府の権力を握る。	右上（本来の保守） 日本国を愛する。ゆえに、日本政府を批判する。
左下（パヨク） 日本国を愛していない。ゆえに、日本政府を批判する。	右下（単細胞保守） 日本国を愛する。ゆえに、日本政府を批判しない。

たてる左下の連中には学がありません。だから「頭がパーな左翼」、略して「パヨク」とスラングで呼ばれています。

では、そうした不勉強な「左下」を罵っているだけの単細胞な人たちはどうか。ソ連崩壊後もなお、彼らの跳梁跋扈に手も足も出なかった人たちは、しょせんは「右下」にすぎません。「左下の反対だけ言う」「安倍さんを信じよ」としか言わない。「単細胞保守」です。

しかし、安倍応援団に「右下」が目立つのに対し、当の安倍首相は「左上」こそが政権基盤です。

そして、「右上」の発言力が極めて小さい。

こうした日本の言論状況は、今に始まったことではありません。

日露戦争に勝った後の、大正デモクラシーあたりからそうです。

大正デモクラシーと言えば、吉野作造の名前くらいは聞いたことはあるでしょう。吉野はリベラルな言論人と目されていますが、実際は左右の全体主義と戦った人です。より正確に言えば、「右下」「左下」「左上」のすべてと戦いました。当時の「右下」とは愛国心を強要してくるので普通の国民に嫌われた人たち、「左下」とは共産主義者、「左上」とは官僚崇拝を強要してくる権力主義者たちです。

吉野は「日本国を愛するが故に、日本政府の誤りは容赦なく批判する」という立場を崩しませんでした。人間の自由を認めない共産主義者に対しても、吉野の主張の揚げ足取りにもなっていない「愛国心の絶叫」しかしない国粋主義者に対しても、一歩も引かず信念を通しました。

吉野は「憲政の本義を説いて其有終の美を済すの途を論ず」(『中央公論』一九一六年一月号)という評論を発表して注目を集め、論壇の寵児となりました。ところが吉野の絶頂期は、長く続きません。翌年にはロシア革命が起き、共産主義が論壇の中心となります。それにより、現実的、漸進的な社会の改良を説く吉野は、「生ぬるい」「古い」とされ、受けなくなっていったのです。吉野とともに言論界に一時代を築いた『中央公論』は、大正八（一九一九）年に創刊された社会主義派の総合誌『改造』（改造社、一九五五年廃刊）に圧倒されることになります。

吉野は昭和八（一九三三）年に亡くなります。吉野の事実上の後継者のような形で、戦時中に孤軍奮闘したのは河合栄治郎です。河合は東京帝国大学経済学部教授ですが、政治問題に積極的に発言しました。河合の「吾々は世の所謂平和主義に与してはならない。何故なれば、安価な感傷を以て平和が獲得されるほど、戦争の由来は浅薄ではない。又戦争への執着は、人の心に余りに根深く巣食っているからである。同時に吾々は所謂『国家主義』に『盲従』してはならない。『国家主義者の主張のみが』祖国の為に忠なる所以ではない。誰か祖国を愛せざるものがあろう。唯問題は何が祖国を愛することかと云うことのみに在るからである」と述べています（『ファッシズム批判』日本評論社　一九三四年）。これなどは、左右の全体主義と戦う河合の思想を表しています。河合は最終的に、官憲の圧力で大学を追われ、その図書は発禁処分とされ、社会から抹殺されました。

かろうじてエコノミストの石橋湛山は自由主義の言説を守りましたが、蟷螂《とうろう》の斧でした。「負けるようなやり方で戦争をするな」という正論は封殺されたまま、日本は敗戦を迎えます。

■誰だこいつら？　言論界のメインストリームに居座った「進歩的文化人」と自称した人々

このように戦前日本の「右上」は、マッカーサーが来る前に滅んでいたのです。

つまり、国家を愛するがゆえに政府を批判する「右上」の言論およびメディアが壊滅したのは、戦後民主主義が原因ではありません。日本人自身に原因があるのです。

まず、一九二〇年代に日本の学界や論壇が赤く染まってしまったからです。学界、メディアの左翼偏向は決して戦後に始まったものではなく、今のテレビや新聞に「左上」と「左下」の人々ばかりが出てくることには、先に触れたように意外に長い歴史的経緯があるのです。

石橋湛山が論壇の主流になれば話が違っていたでしょうが、GHQが許しませんでした。政治家に転身した石橋はGHQの経済政策に異を唱えたので、公職追放されたのです。理由は「戦時中は軍国主義者だった」でした。

言いがかりにもなっていません。マッカーサーとGHQは「民主化」を唱えましたが、日本を本当に民主化する気などありませんでした。マッカーサーとGHQの唱える「民主化」とは、「日本弱体化」のことです。石橋のように気骨のある言論人が（しかも政治家として）日本の指導者になれば、日本は「賢く強い国」になってしまいます。

はっきり言えば、マッカーサーとGHQにとっては、信念もなく頭も悪い言論人が社会の中心にいてくれた方が、都合が良いのです。そうやって占領期に権力を握った人たちが、占領明け以降もずっと言論界の中心に居座っているのです。

そうした戦後の悲惨な言論状況は、稲垣武『「悪魔祓い」の戦後史―進歩的文化人の言論と責任』（文藝春秋、一九九七年）という分厚い本に、その実例がこれでもかと出てきます。

ほんのごく一部ですが、ピックアップしてみます。

然らば、日本の新しい歴史教育、またその前提たる新しい歴史は、まず皇室中心主義その他革命を恐怖する一切の史観を駆逐しなければならない。近代歴史教育は、民衆が歴史創造の主人公として公然登場したことの認識にはじまった。日本においては、まさにいま労働者農民勤労民衆が、公然と、最大の歴史創造民主主義革命の遂行者として登場した。ここに、日本にも真の歴史教育が成立し発展すべき条件が熟している

井上清「歴史教育について」(『世界』、一九四六年八月号)

世界史はじまって以来はじめて無階級的社会というものを作りあげようとしているのがソ同盟を中心とする社会主義経済であり、これを基盤としたプロレタリア文化である。もっともその解決の仕方、その内容が果して真実の無階級性を実現しているか否かについては、(中略)『鉄のカーテン』などといってソ同盟側にのみ罪をなすりつけながら、実際は自分の方から鉛のカーテンを下ろして、ソ同盟への旅行をも許さず、映画も見せようとせず、ひたすらにソ同盟の実情を知らしめない方針をとっている日本政府の下では、我々はこのことに関して正確な調査をなしうるすべをもたないのである

柳田謙十郎「西欧文化に対決するソ同盟」(『改造』一九五二年四月号)

朝鮮〔北朝鮮〕に耐久消費財がないか、あるいは少ないということは事実であるが、それは、訪朝した日本人や、帰国した在日朝鮮人が大声をあげていう程、大した問題ではないのである。問題は、むしろつまらんことに大声をあげていることの方にある。つまらんことに大声をあげるような人間をつくりだした日本の環境にある。そして、その環境を正常だと信じて疑わないまでになっている人間の心理、思想こそが問題なのである

寺尾五郎『朝鮮　その北と南』（新日本出版社、一九六一年）

世界を通じて、資本主義国で、家庭の危機が問題になっているのにくらべて、社会主義国では、家庭は社会主義建設のための核となるものとして重要視され、国家の手厚い保護をうけているから、原則として、個人と家庭と社会とは矛盾したり対立したりすることがなく、一直線につらなっていると考えることができる

田中寿美子『新しい家庭の創造─ソビエトの婦人と生活』岩波書店、一九六四年

共産主義政権の側では、ソ連その他の社会主義国からの援助がかぎられていたに

も拘らず、めざましい経済的発展があり、政権は大衆の圧倒的支持をうけて、今日に及んでいる

加藤周一「過則勿憚改」（『世界』一九六五年四月号）

〔中国の文化大革命は〕資本主義が勃興する一世紀前に、イタリアでルネッサンス、文芸復興というものがあったが、あれは資本主義文化大革命であって、われわれは社会主義のルネッサンスをやるんだということで、古い思想や慣習をこわして、新しいものを作り出そう、そういう古い意識をこわして行こうという運動なのです

安藤彦太郎　一九六六年九月三〇日中国留学帰国講演

〔中国の文化大革命は〕スターリンすら、このような大事業はおこないえなかった。（中略）それはスターリン型と類似するどころか、基本的な点で全く異なっている史上はじめての大実験であることを確認できるのである

菊地昌典「社会主義社会と階級闘争」（『世界』一九六七年四月号）

〔中国の文化大革命は〕すべての労働者がインテリゲンチアになり、世界水準の技術を身につけてゆくのが中国のねらいだ。これはまさにコミューン国家にふさわしい

新島淳良「報告・新しいコミューン国家の成立」（『朝日ジャーナル』一九六八年九月二十九日号）

一般的に言えば、平和であろうと戦争であろうと「革命」は正しいことであり、戦争であろうと平和であろうと「反革命」は正しくないことであるという、価値自由的な現実主義者がいちばんいやがる私たちの主体的価値を導入すべきなのです

いいだもも「現実主義の幻想性とユートピアの現実性」（『世界』一九六九年一月号）

侵略戦争に反対するということは、またみずから侵略戦争を仕掛けるものではないことも意味しなければなるまい。仕掛ける力量がないからではなく、建て前としてそうしないのである。ベトナム民主共和国の場合には、ついでにいうなら中

華人民共和国の場合にも、侵略戦争はやらない国内体制になっている。つまり、正義の立場にたち、歴史の法則にかなった生き方をしているといいかえてよいであろう

松岡洋子「北ベトナム民衆はなぜ強いか」（『潮』一九七二年七月号）

羽仁五郎「権力をもっているものが人民を隅に追い込んでいった結果、そこに発生したことがらの全責任は権力を握っている側にあるんですよ」
志水速雄「知識人が学生を甘やかしたからあんなこと〔連合赤軍事件〕になったんではないか」
羽仁五郎「言論の責任をとることになってくれば、言論の自由なんていうものは保証できないんですよ」

「真理は少数にある」（『諸君！』一九七二年五月号対談）

この国〔北朝鮮〕は既に立派な工業国であり、しかも外国に依拠せず工業化を遂行すると共に、工農の同時発展と社会的諸格差の縮小と民衆生活の向上をはかる

きわめてユニークな発展路線を歩んでいる国

西川潤「北朝鮮の経済発展」（『世界』一九七六年二月号から連載）

「正しいはずの社会主義」「他国を侵略しないはずの社会主義」という、このまともな感覚は、それで良いのではないか。中国とベトナムの社会主義国同志の間で、その「はず」のない紛争が起きたのは、もとはといえば、社会主義以前のところで、双方が拮抗しているからである

川本邦衛「『中国・ベトナム紛争』の本質を衝く」（『週刊読売』一九七九年三月十八日号）

社会主義国の青年が西欧に出ていちばんこたえるのは、競争社会のきびしさ、はげしさである。能率のものさしが職場を支配している。それに耐え、人よりも働き、人をおしのけてでも上昇したいものにとっては、競争社会はおもしろい。しかし、のんびり働き、のんびり生きていくことを好むものは、社会主義社会が性にあう

日高六郎「にもかかわらず……インドシナ動乱に想う――」

（『世界』一九七九年五月号）

ソ連はですよ、日本とくらべものにならない。ソ連人の教養というのは、日本とはくらべものにならない。はるかに高いです。自由もね、日本とはくらべものにならない。自由です。思想の自由も、日本とはくらべものにならないくらいある

向坂逸郎「マルクスよりもマルクス」（『諸君！』一九七七年七月号）

不幸にして最悪の事態が起れば、白旗と赤旗をもって、平静にソ連軍を迎えるより他ない。三十四年前に米軍を迎えたようにである。そしてソ連の支配下でも、私たちさえしっかりしていれば、日本に適合した社会主義経済を建設することは可能である。アメリカに従属した戦後が、あの時徹底抗戦していたよりずっと幸福であったように、ソ連に従属した新生活も、また核戦争をするよりずっとよいにきまっている

森嶋通夫（『北海道新聞』一九七九年三月九日付）

私は核査察問題の解決はかねてより楽観してきた。十月二二日から平壌で開かれた第四回南北首相会談における展開も、そのことを確信させる。北朝鮮をしていたずらに「頑な」とみる日本のジャーナリズムは、もう少し客観性をとり戻すべきではないだろうか

安江良介「歴史の転換を求めて（会見記録）」（『世界』一九九一年十二月号）

ゲンナリします。ところが、これが言論界のメインストリームです。こういう人たちが「進歩的文化人」と呼ばれていました。誰が呼んだかって、自分たちで呼び合っていたので、名乗っていたのと同じです。

今の保守（を自称する「右下」）の人たちが左（正確には「左下」）を憎悪するのは、こんな言論人に負けっぱなしだったからです。テレビ・新聞・雑誌・出版・学界を乗っ取られていたという怨念を、「我らが安倍内閣」の内に晴らそうとしているのです。

ただし、保守を自称する「右下」の人たちは、自分たちが数だけでなく議論の質でも負けていた事実からは目をそらします。

昭和四（一九二九）年の雑誌『改造』の懸賞論文に宮本顕治が当選するのですが、

次席が小林秀雄の「様々なる意匠」です。宮本は日本共産党の指導者（というより初代独裁者）、小林は戦後の保守論壇を代表する評論家です。

小林を神のごとく崇め奉る保守論客は枚挙にいとまがありませんが、この時の審査が誤りであったと論証した人は寡聞にして知りません。

■チョベリバ政治学者、その名は丸山眞男

国際法の横田喜三郎、憲法学の宮澤俊義とともに学界の権威として君臨したのが、政治学の丸山眞男です。三人とも東大法学部教授でした。前節でゲンナリするほど紹介した言論人、自称「進歩的文化人」が言っていることの元ネタの人たちです。

三人の言論を逐一追うとそれぞれ各一冊で計三冊の本が出来上がってしまうので、ここではその代表として丸山を取り上げます。

理由は二つ。一つは、生前の丸山は他の二人と違い、言論人としても進歩的文化人のチャンピオンと目されていたからです。要するに学界から、世間にしゃしゃり出ていた人ということです。もう一つは、底が浅いのでその主張を手っ取り早くまとめや

すいのです。

宮澤は本物の悪で、この人物の学説を紹介しようと思ったら一冊の本で終わるかどうかわかりません。

横田はその言説が惨いので延々と紹介しても良いのですが、気持ち悪いだけですし、前章でも触れたので割愛しても構わないかなと思います。

さて、丸山を一言で言えば、「チョベリバ政治学者」です。この人物の出世作にして代表作が、『現代政治の思想と行動』（未来社、一九五六〜五七年）です。その本の主張を一言でまとめれば、「戦前の日本は悪い国だ」です。

日本を悪い国だと糾弾する根拠が「ナチスみたいな悪い国だ」だったり、「ナチスの方が立派だった」だったり、論旨の変更が忙しいのですが、とにかく「戦前の日本は悪い国だ」と糾弾したい怨念だけは伝わってきます。

なぜそこまで戦前日本が憎いかというと、兵役でいじめられたので軍隊と戦前日本が嫌いになったとか聞きます。

言ってしまえば、丸山は「こじらせ東大教授」です。

戦争に負けた悔しさを政治分析にぶつけたはいいのですが、「戦前日本は０点の悪だ」という結論から逆算して大量の文章を書きなぐり、「戦後日本は１００点だ」という単細胞的な結論を引き出しただけです。

とは言うものの、学者は書いたものがすべてなので丸山の動機など気にしないでおきましょう。主張はわかるのですが、根拠がコロコロ変わって論旨が一貫しないので、マトモな人間が読めば学問の名に値しない書物だと断言できます。しかし、問題はいまだに「政治学の古典」だの「バイブル」だのと崇め奉られていることです。こんなものに「バイブル」の名前を使われるなど、私が日本人を代表してモーゼやキリストに謝罪したくなります。

とは言うものの、丸山の言っていることを学問と捉えるからおかしくなるのですが、宗教として分析してみましょう。信者、もとい丸山の信奉者である政治学者の皆さんの評価によれば、『現代政治の思想と行動』の功績は戦前日本を「超国家主義」と分析したことだそうです。

では、「超国家主義」とは何なのか。

すごいのは、この本のどこを読んでもそれを定義していないのです。

ついでに言うと、「国家主義」も定義していないので、普通の国家主義と超国家主ませんん。

義の違いも判りません。これで学問をやっていると思えるのは、カルトな信者にすぎません。

以前渋谷の女子高生が単語の頭に何でもかんでも「チョ〜」をつけてしゃべるのが流行ったことがありました。たとえば、「超ベリーバッド」、略して「チョベリバ」のように。この場合の「超」に何の意味もありません。丸山の「超国家主義」など、渋谷の女子高生の「チョ〜」と変わりません。だから「チョベリバ政治学者」です。

本当は、「超国家主義」を語った学術書でありながら、その定義を示さない時点で学問失格なのですが、日本人はよほど権威に弱いのか、東大教授の言っていることというだけで信じる人が多発しました。

ちなみに、丸山のセイで「国家主義」という言葉にマイナスイメージがついてしまいました。戦前の「右上」の代表である吉野作造と比較してみましょう。

適当の程度を超えて誇張せらるゝの結果禍を流して居るのは、個人中心主義許りではない。国家中心主義に就ても亦同様の事が言へる。即ち此派の極端なる論者は、国家を以て最高の道徳などと言ひ、全然人道主義を軽蔑する。（中略）国家中心主義が斯くの如き誤つた衣物を着て現はさるゝの結果として、一部の人より嘲笑の態度を以て迎へられ、終に真正なる国家中心主義までが誤解せらるゝ恐ある事である。国家中心主義が極端なる国家主義者によつて累せらるゝは、個人中心主義が極端なる個人主義の為めに迷惑を感じて居ると異る所はない。

「国家中心主義個人中心主義　二思潮の対立・衝突・調和」

（『中央公論』一九一六年九月号）

吉野が批判しているのは、「極端な国家主義」です。本来の国家主義は穏健なのです。ところが、丸山は国家主義を悪であり、戦前日本は穏健な国家主義ではなかったと主張します。丸山の中では、国家主義とは悪いものなのです。しかも国家主義と超国家主義の区別をつけず、まとめて罵倒するだけです。

■「こじらせ政治学者」兼詐欺師の丸山眞男の手口を学ぼう

はっきり言えば丸山など、詐欺師です。しかし、詐欺師の言論にも学ぶ点はあります。そして、それこそがこの本の主題でもあります。

丸山は、戦前日本を悪だと言う際に、「ファシズム」だと決めつけました。より正確に言うと、「戦前日本はナチスのようなファシズムだ」と言っている部分と、「ナチスのようにファシズムになり切れていなかった幼稚な国だ」と、論旨がコロコロ変わり「どっちなんだ？」と反論したくなりますが、話が進まないので置いておきましょう。丸山は、戦前日本を「悪い奴だ」と決めつけるためにファシズムのレッテルを張りました。ここで大事なのは、丸山は「ファシズム」の定義をわかっているのです。

これは世界的に共通の定義ですが、「ファシズム」とは独裁政党が国家の上位にある体制です。

典型的なのが、丸山があげているナチスです。アドルフ・ヒトラーは、政権を樹立した際、ナチス以外の全政党を解散させました。「一国一党」です。そうなると、ナチスという党がドイツという国家の上になります。

国家主義とは、その名の通り、「国家を至上の存在」とします。ということは、国家主義とファシズムは、絶対に両立しえません。

ちなみに戦前日本は全政党が解散して「一国ゼロ党」になったので、ファシズムではありません。本当は全政党が集まった大政翼賛会をナチスのような独裁政党にしたかったらしいのですが、あまりにグダグダでファシズムができなかったのです。

それはそうと、丸山は戦前日本を「ファシズム」と決めつけたので「国家主義」とは呼べず、「超国家主義」という意味不明の造語をひねり出したのです。

ちなみに、丸山が生きた時代のソ連も典型的なファシズムです。共産党は色んな国を乗っ取りました。「ファシズムとはナチスのように独裁政党が国家の上位にある体制だ」と言ってしまうと、「じゃあ今のソ連も昔のナチスと同じだ」となってしまうので、丸山は黙っていたのです。

重ね重ねですが、戦後保守は、この程度の指摘も生前の丸山にぶつけていないのです。もしかしたら私が知らないところでぶつけていた人がいたのかもしれませんが、少なくとも丸山の権威は死ぬまで健在でした。「ネトウヨ」全盛の今ですら、丸山の全集は売れているそうですから、どうしてこんな人間に市民権を許してしまったのかと悔やまれます。

勝てなかった反省、これを保守の人たちはしているでしょうか。

右下、右上、関係なく。

■第二次世界大戦後に残った、奇妙な状況

戦前日本は、日露戦争後の平和ボケにロシア革命が輪をかけたことで、戦時中には正論が通らなくなって敗戦しました。そして、マッカーサーが「日本は共産主義者が発言力を持つくらいがちょうどよい」と「左」を培養したので、占領明け後も「左下」の勢力が増殖しました。

その結果が、これまで見てきた戦後日本の悲惨な言論状況です。

たまにソ連の批判をしている人がいるなと思ったら、毛沢東主義者だったりしました。当時の毛沢東は、文化大革命で何千万人もの人間を殺戮していた殺人鬼です。ソ連のスターリンも人類をどん底に叩き落してくれましたが、毛沢東も似たようなものです。

第二次世界大戦は言うまでもなく、日本とアメリカ、イギリスとドイツが殺し合いをした戦争です。

では、その四か国が戦って喜んだのは誰でしょうか。

ソ連です。

その証拠に、第二次世界大戦後の冷戦では、米英独は結束してソ連と戦いました。日本もアメリカ陣営に属します。

そのアメリカが、ソ連の脅威を自覚したのは一九四七年です。時の大統領ハリー・トルーマンが「冷戦」を宣言します。ナチスドイツはともかく、米英は、日本と喧嘩しなければ、ソ連に地球の半分をくれてやる必要などなかったのです。アホです。もっとも、そんなアホに負けた日本はもっとアホですが。

アメリカが第二次世界大戦を戦った目的は、ヨーロッパでは東欧の解放、アジアでは中国市場の確保でした。ところが、東欧はソ連のもの、アジアは毛沢東のものになりました。

一九四九年には中華人民共和国が建国され、翌年からは朝鮮戦争が始まり、アメリカは、日本を弱体化したことを死ぬほど後悔します。しかし、占領初期に始めたことは止まりません。日本の言論界で共産主義者が跋扈するのを、もはや誰も止められませんでした。

占領軍が本国に帰った後、吉田茂とその後継者の自民党が、政界で常に与党でいる代わりに言論界（マスコミ、出版、学界）を放棄したという話は、これまで本書でさんざんしてきました。

ちなみに、「左翼」メディアの筆頭として「ネトウヨ」から必ず批判される朝日新聞とて、最初から「左」だった訳ではありません。戦時中は戦意高揚を煽りまくった極右新聞です。占領開始後もしばらくは戦時中の「右」傾向を保っていました。国民の反米感情に訴えた方が売れると考えたからです。

ところが、一九四五年九月十八日にマッカーサーに脅かされて二日間の発刊停止に追い込まれました。GHQに逆らって反米ナショナリズムを謳っていては、商売になりません。

こうして朝日新聞は、左傾化を選びます。十一月七日、「国民と共に立たん」宣言をしたと、『朝日新聞社小史』には記録されています。

結局、思想でやっているのではなく、メシのタネなのです。

■民主党政権が保守の言論に力を与えた

一九九一年、ソ連が崩壊します。アメリカ陣営が勝利したのです。日本もそのおこぼれにあずかれるものかと思っていたら、そうでもありませんでした。

同時期、湾岸危機が起こり、クウェートを侵略したイラクのサダム・フセインを排除しようと、アメリカを中心に多国籍軍が結成されます。アメリカは当然、日本も協力するものと思っていました。

この時の日本政府は憲法を盾に自衛隊の派遣を拒否し、130億ドルもの多額の戦費を負担しながら対応が右往左往したことから、「金だけ出して血は流さない」とアメリカに揶揄されました。しかし、この時の言論界はまだまだ憲法を守れと言う「左」が強く、「右」の勢力は弱体でした。

ちなみに世界では、日本など相手にされていなかったのが実情です。当時の外国語の新聞を見れば一目瞭然ですが、「金だけ出して血は流さない」と卑怯者呼ばわりされていたのはドイツ（当時は西ドイツ）です。自分のことを世界が注目しているとの勘違いも、戦後日本人の特徴かもしれません。

いきなり個人的な話で恐縮です。

私は学生時代、「もうソ連も崩壊したし、ソ連を担いでいたような間違った言論をしてきた人々は学問の世界から駆逐されるだろう」と考え、大学院へ進学しました。

しかし、事態は逆でした。

世間から相手にされなくなった彼らは、もはや学界にしか行き場がないものだから、大挙して押し寄せてきていたのです。それに対し、最初から学界にいる教授連中は、「利権は絶対に渡さない」とばかりに頑張っています。世間知らずにもほどがありました。

一九九〇年代に滅んだのは、本物の「左下」だけです。本当の、正真正銘の共産主義者が滅んだだけで、「左っぽい」思想こそが残りました。「俺は共産主義者じゃない」と言っている、マルクスの『資本論』さえ読んだこともない、左っぽい連中が多数派になっただけでした。

それが変わったのが、何度も言うように北朝鮮が日本人拉致を認めた二〇〇二年の九月一七日です。それにインターネットの普及もあり、地上波や大新聞では言えない保守的な言論の発表の場が成立し、出版にも進出しました。

保守の言論に説得力を与えたのは、民主党政権です。

二〇〇九年から三年半の、鳩山由紀夫・菅直人・野田佳彦の三代の民主党政権は無能を極めました。その前任者の麻生太郎も、日本と何の関係もないリーマン・ショックで経済を破壊してくれた民主党政権に劣るとも優らない無能な政権ですが、三年半も悲惨な民主党政権が続くうちに、一年で吹っ飛んだ麻生政権のことなど誰もが忘れてしまいました。

そこへ「保守」を掲げる安倍政権が登場し、アベノミクスで景気は高揚、不況続きだった民主党政権（本当は麻生太郎や他の自民党政権も）よりはマシと国民に判断され、長期政権化しました。

民主党政権の悪口さえ言えば、プロの資格がなくても世の中に出られる。「TPP亡国論」などという訳のわからないことを言って許される。「中国経済は今年中に崩壊する」などと大嘘を言っても無かったことにしてもらえる。「デフレ期の増税には反対だ」などと猫でも言えることで経済評論家を名乗れる。すべて民主党批判ブームに便乗したおかげです。

また、民主党政権期には中国が尖閣を荒らしまわったり、韓国の大統領が竹島に上陸したりと、周辺諸国のやりたい放題も「保守」への追い風になりました。

さて、そんな「左下」よりマシなだけの「右下」に世の中を正す力があるでしょうか。あるはずがありません。

ネトウヨの言論には、とにかく中国・韓国・朝日新聞の悪口を言って飯を食うという特徴があります。民主党が存在した時代には、これに民主党が加わります。

安倍応援団が何を言おうが関係ありませんが、問題は安倍首相本人が「自分は民主党が壊した日本を立て直しているのだ」という自負を持っていることなのです。「いる」と断言しました。根拠はあります。

六年も首相をやっていて、「民主党よりマシ」以外の何の実績もないことです。

■じゃあ～改めて、安倍首相の実績を振り返ろう

安倍応援団は「景気が回復している」「外交は達人」とナントカの一つ覚えのように繰り返しています。しかし、「二年で実現する」と宣言していた景気回復は道半ば。外交だって、「トランプ内閣の外務大臣」以上の実績は何もないのです。そういう基準が適切かどうかは別として、教科書に残るような実績が何かあるでしょうか。

吉田茂＝サンフランシスコ平和条約

→独立を回復。米軍にモロに支配されている現状を脱す。

鳩山一郎＝日ソ共同宣言
↓シベリアに抑留された人々を取り返す。
岸信介＝日米安保条約
↓従属的な関係から、対等の軍事同盟に近づける。
池田勇人＝高度経済成長
↓働けば希望が持てるという社会を作る。
　ソ連の日本侵略の意図を粉砕。
　我々はいまだに池田の遺産で食っている。
佐藤栄作＝沖縄・小笠原返還
↓戦争で獲られた領土を取り返す。
それぞれ、意味があることです。自分には六年も政権を担当しながら何の実績もない。それを最も自覚しているのは安倍首相自身でしょう。だから、拉致被害者奪還でも、北方領土返還でも、憲法改正でも、なんでもいいから歴史に残るような実績が欲しいという態度がアリアリです。

小泉純一郎内閣には、北朝鮮拉致被害者奪還という実績があります。本書で何度も強調しているように、二〇〇二年九月十七日をもって日本の言論界は変わりました。

安倍内閣自慢の経済と外交を、同じく長期政権となった佐藤・中曽根の両内閣と比較してみましょう。

佐藤内閣の経済は絶好調でした。前任の池田勇人の高度経済成長以上の景気の爆上げを実現しました。池田に向かっては「高度経済成長なんかやめろ」と言いながら、池田の病気後に政権を授受されるや、池田以上の高度経済成長をやったのです。

中曽根内閣は、二度の石油ショックに加えプラザ合意による大不況に直面しましたが、上手くかじ取りをして景気を回復。勢いあまってバブルをもたらしました。

安倍内閣は、最初の半年こそ景気は回復軌道でしたが、消費増税を実行してからはダッチロールです。

経済の実績において、この三内閣で最低なのは、文句なく安倍内閣でしょう。

次に外交です。

佐藤内閣の時代、アメリカはベトナム戦争に苦しんでいました。時のリチャード・ニクソン大統領は、ソ連に対抗すべく、日本に核武装を促します。要するに、「これからは大国としてパートナーになってくれ」と言ってきたのです。

佐藤はニクソンの申し出に同意しながら、非核三原則で応じます。完全な裏切りです。さらに、自衛隊の通常戦力をこれでもかと減らしました。防衛費はGNP〇・五％にまで落ち込みます。佐藤は、自立なんて面倒なことを拒否したのです。

日本人の価値観すら変えた小泉訪朝
写真：毎日新聞社／アフロ

ニクソンは、日本に呆れ、アジアのパートナーとして中国を選びました。

中曽根内閣の時代、アメリカは本気でソ連を潰すつもりで冷戦を戦っていました。時のロナルド・レーガン大統領は、ソ連に対抗すべく、日本に防衛努力を求めます。要するに、「日本が大国になることは望まないけど、足手まといにはならないでくれ」と言ってきたのです。

これに中曽根は「ロン・ヤス」と蜜月をアピールしながら、ソ連や中国を日本の政界に招き入れていました。中国は田中角栄の時代に入り込んでいましたが、ソ連は中曽根の時代が最も活動できました。中曽根は、アメリカや他の国が防衛費GNP二%以上、国によっては一〇%かけているときに、「一%を超えるぞ！」と宣言し、「今年は一・〇〇〇二%だ。勝った」「今年は〇・九九七%だ。来年は頑張ろう」などとアピールしていました。

レーガンは日本が敵に回ると困るので、中曽根をおだてつつ、実際は中国と組んでソ連と戦いました。

安倍内閣の途中、アメリカではドナルド・トランプ大統領が誕生しました。トランプは選挙戦中から、日本に防衛努力を求めてきました。トランプの言うことをまとめると、「アメリカは疲弊し、もはや世界の警察官をする余裕がない。世界中で血を流し、恨みを買いながら、多くの人が富を失っている。これを立て直す、アメリカファーストが先決だ。だから、経済大国の、特に日本には防衛努力を求める。日本の自主防衛は歓迎だし、核武装もOKだ。ただ、その証として、せめて冷戦期の欧州標準の防衛費GDP二%は頑張ってほしい。それもできないと言うなら、在日米軍の経費を全額負担してくれ」です。日本のマスコミは、「それもできないと言うなら～」の後からしか報じませんでしたし、日本の自主防衛の意味を解説したメディアは稀でした。

これに対し安倍首相は最初の段階で無碍《むげ》もなく、自主防衛と核武装を断っています。自立なんて面倒なことをするより、世界中で嫌われ者のトランプと仲良くしつつ、既存の国際社会の秩序を壊さない立場を守っているのです。

これらが、六年も長期政権をしながら、安倍政権が何もできない理由です。

そこにぶら下がっている保守が負けっぱなしなのは、当然です。

第四章

日本を敗戦国のままにする「左上」という敵

■詐欺師のテクニックは「二者択一」に持ち込むこと

安倍さんのやることには全部賛成の「右下」。安倍晋三のやることには何でも反対の「左下」。「安倍か、反安倍か」の二者択一から抜け出せない限り、絶対に正論が通ることはありません。

人間の評価に一〇〇点も〇点もないからです。

しかし、「全肯定か、全否定か」の二択の議論をしている限り、我々はどちらに転んでも間違った選択を強要されます。

この六年ほどの日本の言論界は、「安倍か、反安倍か」の二者択一の議論しかありませんでした。

このように、二者択一に持っていくと、誤った議論に誘導できる、つまり必ず相手を不正解に導くことができます。

たとえば、「デフレか、インフレか」という議論もそのひとつです。いまだに達成していないとはいえ、安倍首相はデフレ脱却を軌道に乗せました。いわゆるアベノミクスです。

このデフレ脱却の動きを批判した人の主張が、「インフレになっていいのか」でした。「インフレかデフレか」という言い方ですと、長いデフレに苦しんでいる日本国民には「デフレは嫌だ」と言われかねないので、「インフレでいいのか」と誘導しているのです。

巧妙な詐欺師の手口です。

「インフレ」と聞くと、二度の石油ショックや敗戦時の日本の混乱を連想するので、「デフレもいやだけど、あれも嫌だな」と思わせる効果があります。

そのような議論に巻き込まれた時には、私ならはっきりこう答えます。

「アベノミクスでインフレになっていいのか？」

「それが目的です」

「インフレとデフレ、どちらがいいのか」

「インフレにはいいインフレと悪いインフレがあるが、あらゆるデフレは悪である」

経済状況を、人体にたとえましょう。

高熱と平熱と低熱、どれがいいか？　言うまでもなく平熱です。体温が37度を超えたら高熱で、35度を切ったら低熱です。

35度を切る低熱はデフレ、35〜37度の平熱はマイルド・インフレ、37度以上の高熱は悪性インフレです。

今の日本経済はデフレですから、マイルド・インフレにもっていかなければなりません。もちろん、いきすぎて悪性インフレになっても困りますが、凍え死にそうなときに高熱になる心配をしても仕方ありません。

「（悪性）インフレとデフレ、どちらがいいのか」と聞くのは、「焼け死ぬのと凍え死ぬの、どちらがいいか」と聞いているようなものです。どちらも嫌に決まっています。

「左下か、右下か」という議論も同じようなものです。

時には二者択一の議論も必要でしょうが、何が何でも二者択一にする必要はありません。特に、三つ以上の選択肢がある時には。

■日本はそもそも交戦国！　集団的自衛権の議論という馬鹿騒ぎ

ちょっと古い話ですが、集団的自衛権に関する議論を事例としてあげます。

集団的自衛権の行使を可能にしたとされる安全保障関連法は二〇一五年に成立、翌年に施行されました。

私は当時、「安倍内閣が進めようとしている、内閣法制局が一貫して守ってきた憲法解釈の変更に、賛成ですか反対ですか」という質問を受けました。私の答えは「推進派にも反対派にも反対」でした。

結果、私は「左下」と「右下」の両方に敵視されました。

「左下」の人々は最初から私のことなど味方だと思っていないでしょうから、どうということはありません。「右下」からの攻撃が面倒でした。色んな人から、「どうしておまえは反対派に対してやり返さないんだ」と裏切り者呼ばわりされました。

私が、「その二択そのものが間違っているのだから」と答えても、誰も理解できませんでした。いわゆる「保守」を自任する人たちは、「安倍首相を支持することが正義、安倍首相を批判する勢力を攻撃することが保守」と思い込んでいましたから。まさに、二択の罠に嵌りこんでいました。
質問をもう一度見てみましょう。

安倍内閣が進めようとしている、
内閣法制局が一貫して守ってきた憲法解釈の変更に、
賛成ですか反対ですか

たいていの人は、「安倍内閣が進めようとしている憲法解釈の変更に賛成ですか反対ですか」と理解するでしょうが、それでは嘘は見抜けません。私がこの質問自体に答えたくないのは、「内閣法制局が一貫して守ってきた憲法解釈」の部分です。内閣法制局は憲法解釈をコロコロ変えているのですから、この質問自体に嘘が混じっているのです。なぜ嘘を前提とした質問に答えなければならないのか。

ところが、二〇一五年の日本は、「安倍内閣が進めようとしている憲法解釈の変更に賛成か反対か」という大騒動になりました。なんと愚かな。

根本的な話ですが、日米安保条約は集団的自衛権を行使するための条約です。そして、基地提供は、典型的な集団的自衛権の行使です。

一九五〇年からの朝鮮戦争に始まって、ベトナム戦争、湾岸戦争、イラク戦争と、アメリカの主な戦争においてはすべて、米軍が日本の基地を使っています。日本は中立国でもなんでもなく、交戦国です。集団的自衛権は行使されています。

なぜとっくに行使している集団的自衛権を、「これから解釈を変更して行使する」という議論に付き合わなければならないのか。

法制局だって、岸信介内閣の時には、「基地提供は集団的自衛権の行使に当たる」との見解を打ち出していたのです。それが佐藤栄作内閣になっておかしな解釈を乱発し、田中角栄内閣で「個別的自衛権は行使できるけど、集団的自衛権は行使できない」などと、意味不明な解釈を定着させたのです。

そもそも、個別的だろうが集団的だろうが、自衛権は自分の身を守る権利です。自分の身を守るのが個別的自衛権、仲間を守るのが集団的自衛権です。「個別だけＯＫで、集団的はＯＵＴ」なんて、世界の非常識です。文明国のやることではありません。

あの時、安倍首相が、「法制局が長年にわたり世界の常識に外れた非文明的な解釈をしていたけれども、私の内閣からはやめます」と宣言したのなら賛成したでしょう。

ところが、安倍内閣は総力をあげて「左下」の反対派と戦っているけれども、法制局の大嘘には気づいてすらいません。当時の安倍首相の主要な国会答弁は押さえていますが、まったく気づいていませんでした。

結果、どうなったか。「憲法解釈の変更」と安保法制は通りました。

そのころアメリカは、東南アジアに脅威を与える中国に対抗するために「航行の自由作戦」を行っていました。航行の自由作戦とは、海洋権益を非常識的に主張する国の海域や空域に米軍の艦船や航空機を派遣してみせしめる軍事演習、のことです。当然、国内の反対派を抑えた日本は、参加するものと思っていました。ところが、参加しませんでした。予算がなかったからです。

結局、集団的自衛権をめぐる議論は、話を「賛成か、反対か」の二者択一にもっていくことで、安倍内閣にまともな憲法論議と国防努力をさせないための馬鹿騒ぎだったのです。

■集団的自衛権は「右下」の完敗だった

集団的自衛権反対派の「左下」は、「日本を戦争ができる国にするな！」と、毎日のように国会議事堂前に何万人ものデモ隊を集めて反対運動をしていました。戦争どころか、軍事演習すらできません。「左下」の諸君には「おめでとう」と言ってあげました。彼らも〝黒幕〟に踊らされた道具に過ぎませんが、道具は道具として役割を果たしています。日本にまともな憲法論議が生じていないこと、憲法の条文を一字一句変えさせていないこと、日本を戦争できる国にさせていないこと、すべて目的を達成しています。

さらに、「左下」諸君は、〝猫じゃらし〟としての役割も見事に果たしました。安倍政権と「右下」応援団は、猫じゃらしに飛びつく猫のごとく、彼らと一年にわたる大論戦を繰り広げています。その結果、日本国憲法体制は健在です。

安倍首相と「右下」応援団は、懲りていません。その後も、「憲法九条に自衛隊を明記しよう」などと言い出しました。

日本国憲法の条文に「自衛隊」の三文字を書き込んだところで何ができるというの

でしょうか。「自衛隊員が名誉ある存在になる」と説明されます。

では、今の自衛隊員には名誉がないということでしょうか。それこそ、日本国憲法に自衛隊の三文字があれば自衛官の子供はいじめられなくなる、ということでしょうか。

たぶん、日本国憲法の条文に「自衛隊」の三文字があろうがなかろうが、いじめをする人間には関係がないでしょう。日本国憲法に自衛隊を明記するメリットを無理やり考えても、「自衛隊高官が勲章をもらえる」くらいしか思いつきません。そんなことの為に、憲法改正を持ち出されても困りますが。

こと憲法論議では、安倍政権の議論は稚拙です。安保法制の時にも、菅義偉官房長官が、「安保法制を違憲ではないと言っている憲法学者はたくさんいる」と発言し、辻元清美議員（当時、民進党）から「たくさんとは何人だ」と問われて十人しか挙げられなかったことを笑われるや、「数の問題ではない」と開き直る始末。私は、経済問題などでは菅官房長官を応援しているのですが、この論争では公平に見て完全に辻元氏の勝ちと断ぜざるを得ません。

平成三十（二〇一八）年、自民党が改憲案をまとめたことを受けて、五月三日に全政党が集まって議論しました。自民党の改憲案の取りまとめ役だった細田博之議員が「国会で議論しましょう」と呼びかけたのに対し、立憲民主党の福山哲郎幹事長は「国会で安倍首相に、憲法改正しなければ、自衛隊は国を守れないんですかと聞いたら、守れると答えた。では、何のために憲法改正するのかと聞いたら、答えられなかった」と反駁しました。細田氏は一言もなしです。野党の揚げ足取りではなく、真正面から完敗です。

辻元氏や福山氏は、いわゆる「ネトウヨ」の世界では、「極左」「過激派」「売国奴」と散々に罵られている人物です。福山氏に至っては、「本名は陳哲郎の中国人」とまで罵られています。その真偽はここでは問いません。ここで重要なのは、「安倍内閣で改憲を」と言っている人たちが、その手の罵倒を辻元氏や福山氏に繰り広げていることです。

では、そんな辻元氏や福山氏に、最も大事な争点のはずの憲法論議で真正面から論破されている。この現実は何なのか。

改憲派の常套句があります。「護憲派のように、憲法に平和を書いて平和になるなら、台風は来るな、と憲法に書けばよい」と。では、「憲法に軍隊」と書けば軍隊が湧いて出てくるのか。自衛隊と書けば、今の自衛隊とどう変わるのか。

同じ穴の狢ですが、目的を達しているだけ、「左下」の方が「右下」よりマシでしょうか。保守は質で負けている。この現実を「右下」の人たちに突きつけると怒り狂うので、私のように「日本国を愛するが故に、安倍政権の誤りは容赦なく批判する」という立場の人間は、話を聞いてもらえないわけです。「左下」と「右下」の二つの議論しかなくなると、かき消されます。

ということで、聞く耳を持つ人だけに語りかけようと、本書のような本を細々と出し続けているのですが。

「数」の前に「質」を高めねば、勝つ負ける以前に、戦いにもならないからです。

■わかってしまった憲法九条の正体

先ごろ私は、日本国憲法九条の正体をつきとめました。

憲法九条は一項と二項で出来上がっています。ついでに言うと、日本国憲法第二章は、九条しかありません。九条だけで、第二章なのです。

一項は「戦争放棄」、二項は「戦力不保持」「交戦権否認」を規定しています。

日本国憲法第九条
第一項
日本国民は、正義と秩序を基調とする国際平和を誠実に希求し、国権の発動たる戦争と、武力による威嚇又は武力の行使は、国際紛争を解決する手段としては、永久にこれを放棄する。
第二項
前項の目的を達するため、陸海空軍その他の戦力は、これを保持しない。国の交戦権は、これを認めない。

改憲派の多数派の意見は「一項を残し、二項を削除する」です。一項で禁止しているのは侵略戦争であって、自衛戦争は禁止していない。自衛の為の戦力は持てるから、そこは構わない。ただし、戦う権利が認められないのは困る。というロジックです。

私などは現状のままでも自衛の為に戦う権利は認められると解釈できるのですが、改憲派はGHQの呪いのごとく二項を目の敵にします。それを言うなら、一項の原文だって、「主権の発動としての戦争（War as sovereign right）」で、翻訳で胡麻化しているだけだと思うのですが、そこはいいらしい。と、改憲派の議論のアラを探しだしたら永遠に終わらないのでこれくらいにします。

確かに、日本国憲法を起草したGHQの立法趣旨では、自衛も禁止していました。自衛も含めてあらゆる戦争を禁止し、その為の戦力を持てない、あらゆる戦う権利を否定していました。吉田茂首相も「あらゆる侵略は自衛の名のもとに始まる。だから自衛戦争も放棄する」と国会答弁していますから、政府見解です。これに「そんなのは国家じゃない！」と、唯一かみついたのが日本共産党です。しかし、少数野党が何を言おうが、無視です。

ところが、朝鮮戦争の時に困ってしまったのがアメリカです。

当時、日本国内の治安維持にあたっていたのは米軍です。しかし、この警察行為を日本が自前でやってくれなければ米軍としてもやっていられない事態になりました。そこでアメリカは昭和二十五（一九五〇）年に日本に警察予備隊をつくらせます。警察予備隊には、海の犯罪を取り締まる人たち、今の海上保安庁にあたる組織も含みます。目的は完全に自衛です。したがって戦力のひとつです。

喧嘩にしてもそうなのですが、足手まといが一人いるというのは、敵がもう一人いるのと同じです。まさか米軍が空襲警報を出す訳にはいきません。「そんなことは、日本が自分でやれよ」です。

また朝鮮戦争の最中、日本国内の朝鮮人が暴れまわるので、治安が悪化します。その取り締まりまで米軍がやる訳にいかないので、警察予備隊を作らせたのです。

この時の日本政府の説明は、「自衛とは、高いところから物が落ちてきた時には避けるように、自然法則のようなものだから、憲法で否定できるものではない」です。これを「自然権」と呼びました。「自然権」とは「当然の権利」くらいのニュアンスです。だったら最初からできもしないことを書かなければよいのですが、書いてしまったので、苦しい説明をせざるを得なくなったのです。

とは言うものの、マッカーサーが押し付けてきた日本国憲法、特に九条は、吉田茂以下日本政府は誰もがイヤイヤでしたから、九条を骨抜きにするような解釈を始めるのです。吉田首相の過去の答弁、「自衛戦争も放棄する」はなかったことにされました。

日本国憲法を作る時、法制局（正式名称が内閣法制局となるのは昭和三十七年。それまでは単に法制局だった）はＧＨＱにことごとく楯突きました。その結果、マッカーサーに組織ごと潰されています。しかし、そのマッカーサーが方針転換したので、再び吉田の周辺に戻ってきます。吉田はマッカーサーが日本からいなくなるや法制局を復活させますが、初代長官となる佐藤達夫は、正式な組織復活の前、さらに法制局が潰されていた間も一貫して吉田側近としてチャンスを待っていました。

佐藤と二代目長官の林修三は、憲法九条を徹底的に骨抜きにしていきます。林は吉田に続く、鳩山一郎・石橋湛山・岸信介・池田勇人の四代の内閣で長官を務めます。林長官時代は、昭和二十九年から三十九年の十年に及びます。昭和二十九年は、警察予備隊の後身である、自衛隊が発足した年であり、草創期自衛隊の憲法解釈と法体系は林が作ったのです。

林の説明によれば、警察は戦力です。警察や海上保安庁は自衛の為の戦力です。これを持つことは自然権です。では、どこまで認められるか。林はそれを「自衛の為の最低限度の実力」と定義しました。佐藤が「近代戦争遂行能力」としていたのを、わざと曖昧にしたのです。曖昧にすることで、「周辺諸国が軍拡をしているので、日本も自衛の為にはこれくらい持っていいでしょう」という論理を用意したのです。

当たり前の話ですが、軍事力とは周辺国との比較で考えるものです。「俺は世界三位の軍事大国だ」と威張っていても、両隣が一位と二位の国だったら、その数字にまったく意味がないのです。一位の国か二位の国と組まねば意味がないからです。

林長官時代、岸内閣が核武装への道を開きました。「周辺諸国が核武装している場合、核兵器と名がついたら小型も全部だめなのか」という議論は、いまだに政府見解です。今の憲法でも、核武装はできるのです。

九条二項では「交戦権」を否定しています。ここで林は画期的な解釈を打ち出します。禁止されている交戦権を列挙したのです。たとえば、ＩＣＢＭ（Intercontinental Ballistic Missile　大陸間弾道ミサイル）の保持、占領行政、敵国の総力破壊、それから、戦時における中立国の船舶拿捕です。

ＩＣＢＭは、アメリカ本土やモスクワに届く長距離ミサイルのことです。占領行政は戦時中の大東亜共栄圏などがそうでしょう。敵国の総力破壊とは、憲法を押し付けたり東京裁判のような真似をすることです。そんなこと、やる必要がありません。中立国の船舶拿捕は支那事変当時の日本でもやっていません。海賊を暴れまわらせていた時代の大英帝国ならいざ知らず、そのような発想は日本人のセンスを飛び越えています。

要するに、やらんでいいことだけを列挙して、それ以外はやっていいことにしたのです。

警察行動のような禁止されていない自衛権と、中立国の船舶拿捕のような禁止されている交戦権は明確ですが、それらがかぶる中間の部分もあります。林はそれを「自衛権である」と言い切りました。かぶるところはＯＫとしたのです。

自衛隊を軍隊にする解釈です。軍隊とは、「禁止されていること以外は何をやっても構わない」という法体系の組織です。そのような規則のあり方を「ネガティブリスト（禁止事項列挙型）」と言います。林長官時代の自衛隊は、軍隊として歩んでいたのです。だから九条の、しかも二項を残しても構わないのです。

九条二項を削除したい人に対しては、こういうことをやりたいんですか、つまり、ＩＣＢＭや占領行政や敵国の総力破壊や戦時における中立国船舶拿捕をやりたいんですか、と問いたいものです。

■許可事項を整理すると見えてくる、「一貫して守ってきた憲法解釈」という大嘘

私はこれまで、憲法に関する多くの著作で、日本国憲法を全否定してきました。九条に関しても、デビュー作『誰が殺した？日本国憲法！』（講談社、二〇一一年）から、「統帥権から逃げるな！」と訴え続けてきました。

「統帥権」と言えば、大日本帝国での「統帥権の暴走」のイメージがあるため、改憲派も語るのを憚っています。しかし私は、日本人が独立国の憲法を持つなら、統帥権を憲法に明記すべきだと考えています。

そんな私からすれば、「何が何でも九条改正」とか「憲法九条に三項を追加して自衛隊を明記」など片腹痛いのです。憲法学者として議論するなら。

問題は現実です。

九条が変わる見込みなど、カケラもありません。だったら、林長官の憲法解釈に戻す方が先決ではないかと考えている次第なのです。

「戻す」というのは、第三代高辻正己内閣法制局長官が、全部ひっくり返したからで

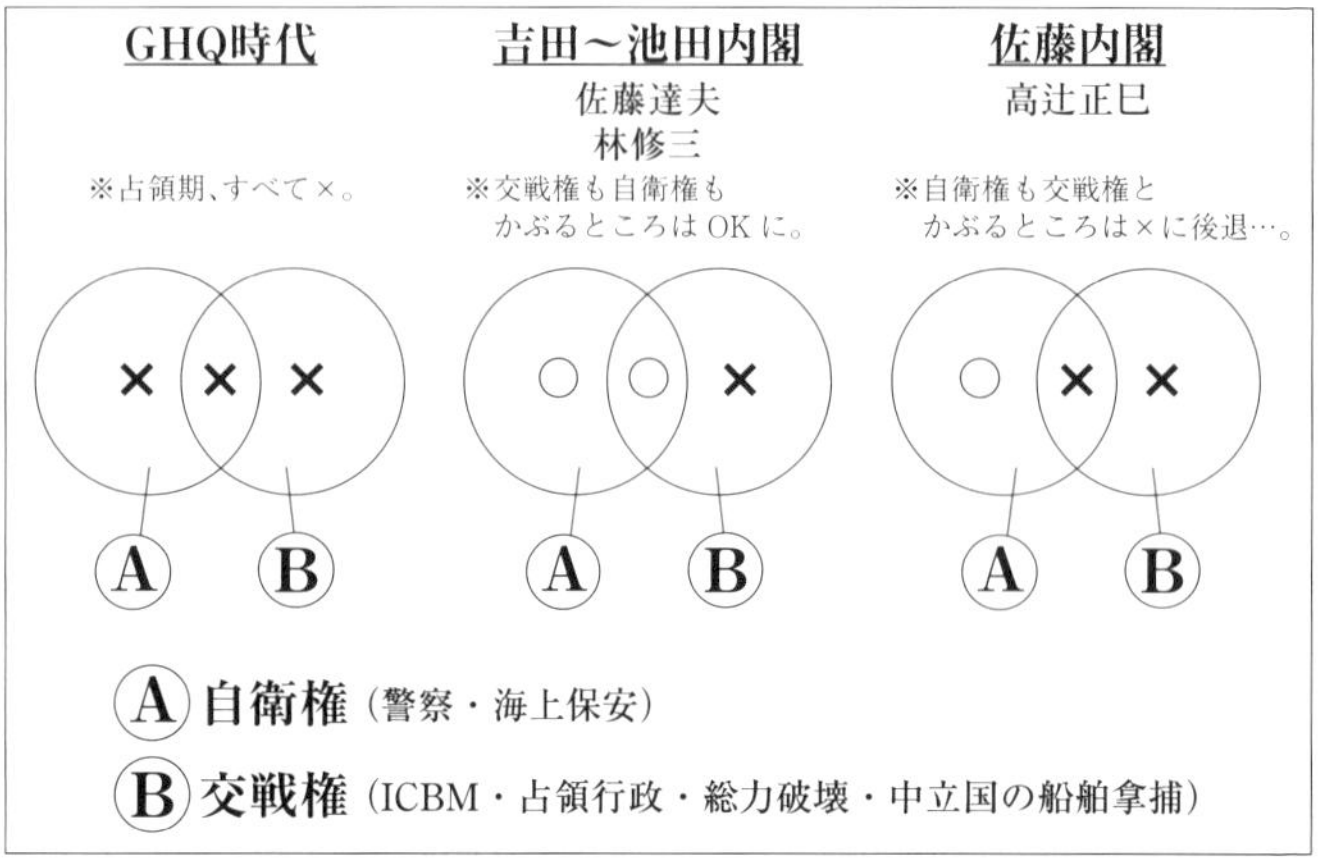

三枚のベン図で見抜く憲法九条

す。高辻は、佐藤栄作内閣の約八年間、長官を務めた人です。昭和三十九年から四十八年まで在任しました。高辻の時代に、自衛権と交戦権のかぶるところは交戦権と解釈するようになり、禁止されていない自衛権だけを列挙していくことになります。

この時代、自衛隊は警察のような組織になります。警察は軍隊と違い、許可されたことしかできません。「ポジティブリスト（許可事項列挙型）」です。

これを図にしましょう。

安倍内閣が死ぬような思いで成立させた安保法制とは、高辻が「許可事項」とした自衛権に、一つ項目を増やしただけなのです。

本当は、軍隊と警察は色んな意味で本質的に違います。特に法体系が全く違います。警察は「無実かもしれない国民を捜査して逮捕する」のが仕事です。余計なことをやって国民の権利侵害をさせないように、許可事項列挙型なのです。

逆に軍隊は、いちいち許可がなくては動けないのでは、国が滅んでしまいます。やってはいけないことはありますが、現場の判断で動けなければ意味がないのです。

外国の軍隊を知らずに自衛隊にだけ詳しい人は、「軍隊とはすごい武器を持った警察」と勘違いしています。では、ロシアの国境警備隊や内務省治安軍は何なのか。

自衛隊を愛しすぎるあまり、自衛隊の現状に感情移入し、冷静な議論ができなくなる。自ら「騙されている状態」になっているのです。

すっかり死語になりましたが、安倍首相は「戦後レジームからの脱却」を掲げて政権に返り咲きました。戦後レジームとは、「日本を敗戦国のままにさせる体制」のことです。佐藤達夫と林修三の二人の時代の法制局は、「戦後レジームからの脱却」を進めていました。その解釈に戻せばよかっただけなのです。

安倍首相は今の横畠裕介内閣法制局長官に頼りきりですが、横畠氏曰くの「内閣法制局が一貫して守ってきた憲法解釈」とは、高辻長官以降の見解なのです。戦後レジームそのものです。しかも、「一貫した」などと、まったくの歴史歪曲です。いったい、安倍晋三という人は何をしたいのかと思います。〝黒幕〟に弄ばれる、かわいそうな「右下」の代表にしか思えません。

■全政治家と全官僚の上に君臨する権威、内閣法制局

ところで、〝黒幕〟とは誰でしょうか。内閣法制局です。

「内閣法制局が一貫して守ってきた憲法解釈を変えるな！」という「左下」。
「内閣法制局が一貫して守ってきた憲法解釈を変えるぞ！」という「右下」。

対句にしてしまいましたが、まさに彼らがじゃれあう、もとい大声で怒鳴りあうほどに、法制局の権威は安泰です。その過程は、これまで見てきた通り。肝は二者択一の議論にもっていけば「内閣法制局が一貫して守ってきた」という大嘘を批判する声がかき消されることです。「戦後レジームから脱却するぞ」と掛け声をかけている総

理大臣が、戦後レジームの総本山の内閣法制局に支配されている。洗脳されていると断言しても良いほどです。

なぜそれほどの権威があるのか。

内閣法制局は、政府が提出する法案をすべて審査します。法制局がウンと言わない法案は、法律になりません。

つまり、事実上、全政治家と全官僚の上に君臨する権威なのです。

また、憲法解釈に関する実質的な最高権威であり、日本国の法体系のすべてに目を光らせています。彼らが目を光らせているので、憲法を頂点とした日本国の法体系に矛盾がないことになっています。本当は憲法解釈の最終権限者は最高裁判所なのですが、彼らは法制局ほど法律に詳しくないので、独自の判断なんかできません。法制局が「これは合憲である」と判断した法律が「違憲ではないか」と裁判でもちこまれたとき、違憲判決を下す根性なんかありません。

かくして、法制局に逆らえる組織は、日本国にはありません。

霞が関で、「我は富士山、他は並びの山」と豪語する財務省主計局とて、法制局だけは「別枠」扱いです。主計局がこれでは、政治家や他の官僚が逆らえるはずがありません。

主計局が査定し、国会が通過させた予算付きの法律だって、法制局から「違憲の疑いがある」と一言クレームが飛んで来たら、執行できません。法制局の許可をもらうべく修正、あるいは知恵を出します。

竹下登が絶大な権勢を振るえたのは、そういう時に法制局との調整役を演じることができたからです。竹下は頭がいいので、法制局と対立せず、上手く使うことを考え、彼らの言う通りに実行しました。だから、首相退陣後も「闇将軍」として死ぬまで権勢を振るえたのです。

平成の「強い政治家」と言えば、だれもが小泉純一郎を思い出すでしょう。その小泉首相も、法制局とは喧嘩していません。それどころか、言いなりです。

小泉首相は、中国の圧力にひるまず、靖国神社に参拝し続け、ついには八月十五日の参拝を実現した「強い政治家」と評価されています。それは片面を見ればその通りなのですが、もう片面を見ると、法制局には逆らっていません。小泉首相は「私的参拝だ」「これは心の問題だから、他人や外国に干渉される覚えはない」と言い張りましたが、その解釈を考え出したのは法制局です。三木武夫首相が「私的参拝」と言い出した話は第二章でしましたが、それも法制局の発案です（『三木武夫秘書回顧録』吉田書店、二〇一七年）。

当時のジョージ・W・ブッシュ大統領が明治神宮を見学していた時は、悲惨でした。その間、小泉首相はじっと車の中で待っていました。境内に入ると「政教分離の原則に違反する」と法制局に言われて、唯々諾々と従ったのです。「強い政治家」小泉純一郎すら、こんなものです。法制局に言われたら、生徒の如くハイと素直に従うしかないのです。

たとえば政治家が法制局の意にそわないことをやろうとしたとしても、「では、お好きにやってください。後の責任もご自身で」と言われて、逆らえる総理大臣がいるでしょうか。

一番わかりやすいのは、村山富市です。社会党出身の首相ということで、自衛隊や日米安保、日の丸君が代をどうするのかに注目が集まりました。ところが最初の所信表明演説で、全部容認です。今まで五十年間、社会党が言ってきた主張と真逆です。

実は、首班指名直後の村山のところに、大出峻郎内閣法制局長官が一時間ほどの「ご説明」を行ったそうです。すると村山は「ダメだ、あいつらを敵に回すと、内閣は三日と持たない」と怯えきり、法制局に言われるがままに自衛隊・日米安保・日の丸・君が代のすべてを認めたという裏話があるとか（中村明『戦後政治にゆれた憲法九条』中央経済社、二〇〇一年）。

それにしても法制局の力は絶大すぎます。しかし、その理由は実にくだらないことです。政治家が騙されているからです。

内閣法制局が目を光らせているから、「憲法を頂点とした日本国の法体系に矛盾がない」との部分に疑問を感じた方もいるでしょう。

「本当か？」と。

しかし、そういう疑問の持ち方をしても意味がありません。矛盾しているかどうかを決めるのが法制局で、誰も逆らえないのですから。また、「本当か？」と聞いている時点で、法体系の整合性が必要だと認めているということです。

正しい疑問の持ち方は、「そんなものが必要なのか？」です。

日本人の多くは、日本国の法律には矛盾がない、と思っています。矛盾があってはいけないから政府が出す法案については内閣法制局の審査を経て国会に提出される、ということになっていると思っています。そして、法制局が目を光らせているから日本国の法体系には矛盾がない。彼らを無視したら、その後の混乱の責任を取らなければいけない。だから逆らえない。

では、海外の普通の国はどうしているか。そんなことはやりません。

成立した法律の最後に、「何年何月何日より適用する」と書いておきます。そして法律がそれより前の日付の法律と矛盾した場合は、後からできた新法を優先させるのです。これを「後法優先の原則」と言います。だから普通の国には、内閣法制局のような仕事は存在しません。あったとしても、法制局のような極端な権力は持っていません。外国の法律を少しでもかじっていれば、日本の異常さに気づく話なのですが、これまで誰も疑問に思わなかったということです。

阪田雅裕元法制局長官が見るに見かねたのでしょうか、自身の著書で外国での法令の運用を紹介してくれています。阪田雅裕『政府の憲法解釈』(有斐閣、二〇一三年)の巻末「附　内閣法制局」をご参照ください。阪田氏は、「我が国では、ある法令の規定を新設したり改正したりする場合には、他の法令にその規定と矛盾抵触する規定がないかどうかを精査し、新しい規定との調和が図られるように他の法令の規定も改正するので、こうした一般的なルールに頼って法令の解釈を行うケースはほとんど考えられない」とし、海外の「一般的なルール」として「現在の法律の規定と矛盾する内容をもった新法が作られても、この新法の規定に抵触する他のすべての法律の規定は無効とする、といった趣旨の一条を置くだけ」と書かれています。

種明かしです。

政治家がしっかりしていれば、ひいては政治家を選ぶ国民の目が肥えていれば、今の法制局の仕事など必要ないのです。

本来の法制局の仕事は、内閣法制局設置法第三条に明記されています。

第三条　内閣法制局は、左に掲げる事務をつかさどる。

一　閣議に附される法律案、政令案及び条約案を審査し、これに意見を附し、及び所要の修正を加えて、内閣に上申すること。

二　法律案及び政令案を立案し、内閣に上申すること。

三　法律問題に関し内閣並びに内閣総理大臣及び各省大臣に対し意見を述べること。

四　内外及び国際法制並びにその運用に関する調査研究を行うこと。

五　その他法制一般に関すること。

要するに、政治家が新しい法律を作ろうとしたときに、矛盾する既存の法律を調査することです。その結果として意見を言うのは構いませんが、選挙で選ばれた総理大臣がその意見に支配されるのは異常です。政治家に対して、拒否権など持ってはいけません。

実際、戦前の法制局はぜんぜん強くありませんでした。あたりまえです。調査機関だからです。単なる調査機関であって、拒否権集団でもなんでもありませんでした。

ところが今日の実態は、法制局に「今ある法律と矛盾します」と言われれば、政治家はすごすごと引き下がってしまいます。自民党改憲案のように、「日本国憲法と整合性のある改憲案」を「戦後レジームからの脱却」と威張るなど、愚の骨頂です。法制局に添削してもらうから、こうなるのです。

下手をすれば、今の政治家は「こういうことをやってほしい」と陳情客に頼まれても、「いや、それは今の法律ではできないんだよ」などと法制局で聞きかじった知識をひけらかす始末です。法律を作るのは国会議員の仕事だとの自覚がなく、官僚が作った法律を言われるままに通すのが優秀な政治家の条件と化しています。

■推進力なら財務省、拒否権なら法制局

ここで関係者から聞いた裏話を紹介します。

ある時期、某元最高裁判事が大蔵省主計局から予算をもらって「新しい人権研究会」という組織の仕事をしていました。成果が上がらない、はっきり言ってしまえば遊んでいた組織なのですが。

それに対して法制局が、「新しい人権など、最高裁が認めた判例がいくつあるのか。全部あげてみろ」と言ってきました。先ほども少し触れましたが、法制局は、最高裁判事よりも最高裁判例に詳しいのです。

元最高裁判事は答えられず、翌年から予算をつけてもらえなくなって研究会は終了しました。主計局も自分がつけた予算なのに、すごすごと引き下がらざるを得ない訳です。

ただ法制局は、拒否権は持っていますが、推進力（リーダーシップ）は持っていま

せん。推進力となると、最強は財務省主計局です。予算という国家の「意思」を握っています。予算は究極の推進力ですが、渡さないという使い方をすれば拒否権にも転化します。主計局は二番目に強い拒否権と最強の推進力を持っているのです。

一方、法制局は誰かから話を持ち込まれたときにだけ発言権があるのであって（それが日常的なのですが）、推進力は持っていません。こうしたことから法制局を「別枠」と考え、霞が関最強は主計局だと見做す論者もいますが、同じ事実をどう表現するかの問題なので、読者の皆様の評価に任せます。

あえて例えるならば、法制局がローマ法王庁、主計局が神聖ローマ皇帝でしょうか。また、中世ヨーロッパの国王は教皇と皇帝に頭を押さえつけられていたので、さしずめ内閣総理大臣は国王です。

法制局の神話「日本国の法体系に矛盾がない」と同じような、まったく必要のない神話は財務省主計局にもあります。

財務官僚は、予算と歳入・歳出が一円単位で一致することに執着します。日本の一般企業でそんなことをやっている企業は、あるのでしょうか。これとて、必要ないものですが、神話によって成り立っているのが日本の官僚です。お上信仰の種明かしをすれば、こんなものです。

どうでもいい話ですが、財務省の「日本の財政を考える」という特設ホームページで「財務大臣になって財政改革を進めよう」というゲームコーナーがあります。私も試してみましたが、福祉と地方交付税を削りまくったら、増税しないで国防費を増やせました。このサービスは、自分たちの仕事は「お小遣い帳付け」だと自白しているようなものです。結局、巨大な大福帳を使って政治をあやつるのが財務省の仕事です。

「左上」が跳梁跋扈するのは、「右上」が少なすぎるからです。何度でも繰り返しますが、「右上」とは「日本国を愛するが故に、日本政府の誤りを批判する」という態度のことです。相手が法制局だろうが、主計局だろうが、安倍内閣だろうが間違っているものは批判すべきです。同時に褒めるべきは褒める。

内閣法制局・財務省・安倍内閣の三者で、最も批判されるべきは安倍内閣です。

イギリスと比較しましょう。イギリスは憲法政治の母国で、日本もイギリスを参考にして立憲政治を導入し、今に至っています。

イギリスでも威張ってきた官僚は、法制局と大蔵省です。法律と予算を握るからです。独裁国だと軍や秘密警察、諜報機関の権力が強いのですが、法治国では法律と予算を握る官僚が偉いのです。その点で法制局や主計局が威張る日本は、ある意味健全です。問題は、政治家の違いです。

イギリスでは、総理大臣（prime minister、直訳すれば首席大臣）は第一大蔵大臣です。大蔵大臣の仕事は、第二大蔵大臣がします。そのようになっているのは、「予算を握る官僚を上回る力を発揮できてこその政治家だ」という考えがあるからです。

日本の法制局長官にあたるのは、大法官です。宮中序列は首相より上で、貴族院議長も兼任しています。イギリス憲政史では衆議院と貴族院の対立は長いのですが、何百年もかけて慣例を蓄積しました。

政策は衆議院が決める。法技術的修正は貴族院が行う。つまり、選挙で選ばれた政治家に対し、選挙で選ばれていない人たちが拒否権を行使できないような慣例を確立したのです。

日本も見習うべきでしょう。

■国民主権とは、官僚が国民に責任を押し付けるための錦の御旗

裁判員制度という制度があります。「裁判所」の公式ホームページでは「国民のみなさんに裁判員として刑事裁判に参加してもらい、被告人が有罪かどうか、有罪の場合どのような刑にするかを裁判官と一緒に決めてもらう制度です」と説明されています。平成十一（一九九九）年から平成十三（二〇〇一）年まで内閣が設置した司法制度改革審議会で審議され、小泉内閣が国会に提出、平成十六（二〇〇四）年に法案が成立して、平成二十一（二〇〇九）年に施行されました。

この裁判員制度ですが、ある日突然導入され、「なんでこんなひどい制度が」と思った時にはすでに衆参両院可決した後で、手続きに入るだけになっていたことを覚えている人は多いと思います。

後から気づいたマスコミが批判しはじめた時、最高裁事務総局の役人はインタビューで「主権者である国民の皆様の代表である国会がお決めになったことですから」とのたまいました。

理論上はその通りです。しかし、マスコミも報道しないし、国民のほとんどは誰も

知らないし、国会議員なんて法案の意味などほとんど知らない、その間に可決していますす。責任だけは国民に押し付け、官僚は無傷のままやりたい放題ができるということの典型例です。

国民主権とは、官僚が国民に責任を押し付ける錦の御旗なのです。

昔の官僚には「そんな無責任なことはできない」との矜持がありました。その代表と言えるのが、初代憲法担当大臣の松本烝治と、第二代憲法担当大臣の金森徳次郎です。二人とも「国民主権」の語は徹底して避けていましたが、GHQのチャールズ・ケージスが強く「翻訳で胡麻化すな！　主権は国民にあると明記せよ」と絶対命令を下したので、しぶしぶ受け入れたのです。国民主権の名の下に、無責任の限りを尽くす官僚の姿を松本や金森はどう見ているでしょうか。ちなみに二人とも戦前に法制局長官を務めています。松本や金森こそ「右上」官僚の鑑《かがみ》でした。

ところで、「左下」と「右下」の争いで「左上」が勝利して主導権を握り、やりたい放題やるという構図は、戦前も同じでした。

戦前「右下」の代表が上杉慎吉という憲法学者です。東大法学部教授でした。

上杉は大正時代、一九一〇年代に天皇親政説を唱え、同僚の美濃部達吉に論破されました。美濃部は「天皇に主権があり親《みずか》ら政治を行うような制度だと、陛下に責任が及ぶ。天皇は実際の権力を行使されず。臣下のものが責任をもって権力を行使するのが望ましい。その臣下とは、選挙で選ばれた政治家であり、総選挙で国民の支持を得たものを陛下が首相に任命する慣例にすれば大日本帝国憲法の条文を変えなくても運用で上手くいく」と唱え、現実に受け入れられました。選挙で選ばれていない官僚にやりたい放題をさせないための学説です。

一方、上杉の天皇親政説をよく読むと、官僚がやりたい放題をやり、責任をすべて天皇に押し付けられることになります。何のことはない、国民主権は天皇主権の焼き直しなのです。上杉が書いた教科書には、天皇親政と言ったところで、今のサウジアラビアの体制のような、国王が各権限をもって統治する具体的な親政のシステムの話が出てくるわけではありません。観念的な天皇親政、観念的なデモクラシー反対といったものは山のように出てきますが、「それが実現された時にどうなるの?」についてはまったく言及がないのです。結局、文字通りの「有司専制」そのものでしかありませんでした。「有司専制」とは、明治初期の自由民権派が藩閥政府の専制的政治を非難するときに使った言葉で、官僚が独断的に事を取り計らうことを揶揄《やゆ》する用語です。

ところが、上杉死後の昭和初期になると、突如として美濃部説排撃が始まります。松本や金森も美濃部の仲間ということで排撃されました。

その後の日本は、「左上」官僚のやりたい放題です。口では愛国心を唱え国民を戦争に送り出しながら、自分は負け戦でも責任を取らない。

この傾向が特に惨かったのが、陸軍・海軍・外務省です。

彼らはお互いに責任のなすりあいをし、敗戦を迎えます。大戦末期には、特攻隊で多くの若者が殺されました。「左上」の、官僚と呼ぶのもおこがましい木っ端役人たちに。

ここで特攻隊の評価に触れておきます。

「結局、戦争に負けたのだから犬死にではないか」と嘲笑するのが、「左下」です。敗戦後の歴史学は、この立場一色でした。自分の命を捨てて死んでくれた人を嘲笑するなど、マトモな国では野蛮人として扱われるのですが、そうならなかったのが戦後日本の悲劇です。

この「左下」への反発で、「あの大戦は聖戦だった、特攻隊は英雄だ」と反論するのが、「右下」です。気持ちはわかるのですが、これでは不十分すぎます。

確かに、自分の命を捨てて死んでくれた人は絶対的に偉い。しかし、特攻隊に行ってくれた人間と、行かせた人間を同列にしてよいのか。当時の陸海軍外務省の無能な戦争指導の結果、大日本帝国は滅びたのです。戦時中の首相は、ほとんどがこの三省から出ています。この人たちの責任は重大です。

ところが「右下」の人は当時の戦争指導の無能を指摘すると、「それは後知恵だ」と議論を封殺する。聞く耳を持ちません。結果、「左上」の責任は免罪されます。それで反省など、できるはずがありません。

この構図を理解している「右上」が増えない限り、日本は永久に敗戦国のままでしょう。

第五章

米・中・韓など怖くない！本当はすごい日本人

■かつて私も騙された、陰謀論に惑わされないために

ここまでお読みいただいた方なら、おわかりいただけるでしょう。

なぜ日本人は騙されるのか？


バカだからです。


しかし、そう言ってしまうのは簡単です。

では、どうすれば騙されなくなるのか？

それをちゃんと教えてくれる本は、意外と多くないようです。ということで、仕方がないので、自分で書くことに決め、ここまで書いてきました。

かく言う私も、実は騙され続けてきたクチです。特に、「これが世の中の仕組みだ！」と、したり顔で解説している本に。

私は年の割に意味不明な経験だけは豊富なのですが、子供のころは「陰謀論」を信じていたものです。「自分のようなちっぽけな存在には手の届かない力によって、こ

の世は支配されているのだ」式の陰謀論に。

昔から「陰謀論」は流行しています。特に、出版界では根強い人気を誇っています。その中でも、「キング・オブ・陰謀論」「東西両横綱」「双璧」は、五島勉さんと宇野正美さんでしょう。この二人には敬意を表して、「さん」付けで呼ばせていただきます。

五島さんは、かの有名な『ノストラダムスの大予言』（一九七三年、祥伝社）で一世を風靡しました。同書は、十六世紀フランスの宮廷政治家であるミッシェル・ノストラダムスの詩を独特すぎる解釈で読み解き、「一九九九年七の月にアンゴルモアの大王が空から降ってきて地球が滅びる」と予言、二五〇万部の大ヒットとなります。その後『ノストラダムスの大予言』シリーズは、「地球が滅びる」一九九九年まで売れ続けるロングセラーとなりました。五島さんは、ノストラダムスの予言を軸に当時の社会で起こっていた諸事件を読み解き、聖徳太子、ヒトラー、アインシュタイン、イソップ物語……と様々な要素を絡めて手を変え品を変え、読者が飽きないようにストーリーを組み立てては、我々が生きている世界を裏で支配する、怪しげな陰謀を世に提示し続けました。その手法は、エンターテインメントの極致と感嘆する他ありません。

冷静に考えれば、「一九九九年に地球が滅びる」というノストラダムスの予言は、五島さんの勝手、もとい、独特すぎる解釈だけが根拠であり、客観的には何の証拠もない話です。実際、それから二十年たっても地球はピンピンしているのですから。

五島さんが世に出た一九七三年（昭和四十八年）頃というのは、石油ショックの到来で二十年続いた高度経済成長が止まり、日本人が将来に不安を抱いていた時期です。また、この頃は、UFOを始めとするオカルト全般がブームになっていました。人は心が弱っている時にこそ、騙されるものなのでしょう。普段は毅然とした女性が、弱っているときには結婚詐欺師に引っかかるように。

もう一方の陰謀論の雄である宇野正美さんは、いわゆる「ユダヤ陰謀論」を大流行させました。

「世の中のことが知りたい！」

そんな渇望だけが先走っていた中学一年生の私は、宇野さんの『ユダヤが解ると世界が見えてくる』（徳間書店、一九八六年）を手に取り、衝撃を受けました。当時、目に飛び込んできたその一節を引用します。

ユダヤ人がアメリカ経済のさまざまな面で支配力を発揮している事実は数多くあげられるが、まずその規模を一べつしてみよう。

アメリカ・ユダヤ最大の財閥はロックフェラー家だが、一九七四年に「ロックフェラー家の富に関する米国議員のための報告書」が発表されている。これによれば、アメリカのロックフェラー家に属する財産は、六四〇〇億ドルを超えている。仮りに当時のレートを一ドル＝三〇〇円として計算すると、実に一九二兆円という、気の遠くなるような額である。（中略）このマンモス・ユダヤ財閥はアメリカ一〇大企業のうちの六社、一〇大銀行のうちの六行、一〇大保険会社のうちの六社を完全に支配し、全世界で二〇〇を超える多国籍企業を持っている。（中略）アメリカ有数の大企業がことごとく支配下に置かれている。

日本はどうすればこの〝怪物〟に太刀打ちできるというのだろうか。

『ユダヤが解ると世界が見えてくる』一一二～一一三ページ

ユダヤ、財閥、ロックフェラー、支配……。魔法のようなキーワードが並んでいます。そして、要所要所に数字がちりばめられ、畳みかけてきます。人は数字を乱打されると、弱いものです。しかも「ロックフェラー家の富に関する米国議員のための報告書」などという証拠までついています。当時十三歳の私は、「これが大人の世界だ！」と感動したものです。すっかり、社会のことを知った気になりました。

「この人ならば、本当のことを教えてくれる！」

そう思った私は、宇野さんの本を買い込み、貪るように読み漁りました。「この世を支配しているのはユダヤのロックフェラーだ！」と真実を知った気になり、宇野さんを信じ、宇野さんの本を読み、その内容を頭に叩き込みさえすればよいと考えていたのです。

しかし、ある日の暮れ方のことでした。いつものように「ユダヤ」関係の本が出ていないか、香川県丸亀市の宮脇書店を物色していた時の話です。題名だけで衝撃を受ける本に出会いました。

久保田政男『ユダヤを操るロックフェラー帝国の野望──世界経済支配の最終シナリ

オは完成した』（徳間書店、一九八七年）

何⁉

ユダヤを操るロックフェラーだと⁉

ロックフェラーはユダヤではなかったのか？

題名に魅かれて読んでみると、明らかな宇野さんへの批判が書かれていました。

私はここで、はっきりと断言するが、ロックフェラー家はＷＡＳＰである。また、論者によってはモルガン、デュポン、カーネギー、さらにはフォードまでユダヤあつかいにして、こわいぞ、こわいぞ、と騒ぎたてる者もいる。

『ユダヤを操るロックフェラー帝国の野望』九六頁

ロックフェラーこそユダヤ最大の財閥とする宇野さんの言っていることと真っ向から対立します。

しかし私も、今でこそアメリカ合衆国の支配層は、ワスプ（ＷＡＳＰ＝White

Anglo-Saxon Protestant)、つまり「白人で、ブリテン島に祖先を持つアングロサクソンで、プロテスタントの人たち」だと知っています。

誰でもすぐに調べられる事実を示しますと、歴代アメリカ大統領でプロテスタントではないのは、カトリックのジョン・F・ケネディだけです。また、純粋な白人でないのは、父親が黒人（ケニア系）のバラク・オバマだけです。他は全員、「白人で、ブリテン島に祖先を持つアングロサクソンで、プロテスタントの人たち」がアメリカ大統領です。この二つの事実だけで、ユダヤではなくワスプこそがアメリカの支配者だとわかります。

さらに言うと、ユダヤ人はロスチャイルド財閥のような極端な例外を除けば、二千年間も帰るべき祖国を持てずに流浪していた人たちです。本当に世界を支配しているなら、なぜ自分の帰るべき祖国くらい持てないのか。ロスチャイルドだって、生きるために色んな国に寄生しているにすぎないのです。このあたりの詳しい事情が知りたい方は、小著『大間違いのアメリカ合衆国』（ＫＫベストセラーズ、二〇一六年）をどうぞ。

当時の自分には、知りたいことがあっても、何をどうやって調べれば良いかがわかりませんでした。ただ、「本当のことが知りたい」という熱情で、必死に手探りで調べたような気がします。そうしているうちに、少なくとも

「ロックフェラーはユダヤか？」

という点に関しては、明らかに久保田さんの方が正確だとわかりました。「ロックフェラーは、ユダヤかワスプか」など、図書館に行けばわかりますし。

ここで私の「宇野熱」は、急速に冷めました。宇野さんの『ユダヤが解ると世界が見えてくる』の話の根幹は、「世界を支配するユダヤ最大の財閥はロックフェラーだ」です。その大前提が間違っているのですから、後の話は聞かなくてよいのです。と、中学生の私でも判断できました。

とは言うものの、その後は久保田さんにハマったかというと、そんなことはありません。「ユダヤつながり」という訳ではありませんが、藤田田『世界経済を動かすユダヤの商法』（ＫＫベストセラーズ、一九七二年）をはじめ、藤田さんの本を読み漁るようになりました。ちなみに、『ユダヤの商法』は何十回も読み直したと思います。

藤田さんは日本マクドナルド社長で、自称「銀座のユダヤ人」。『ユダヤの商法』は一〇四万部のミリオンセラーとなりました。ただそれではなく、この本は私が生まれる前年発売の本ですが、十四年後の一九八六年にも普通に本屋さんで発売していました。当時、藤田さんの本は五冊出ていましたが、すべて買い揃えました。

中学生のやることなので明確に目的意識があったわけではないですが、今にして思えば、「長く読み継がれている本には、何かしらの意味がある」という読書術を本能的にわかっていたのかもしれません。

よく読書家は「古典を読め」と言います。古い本はそれだけでとっつきにくいのですが、古典には効用があります。百年、二百年と読み継がれてきた本には、それだけの意味があるのです。人を動かす、社会を動かす、何かしらの価値が。

読書家、教養人とは、「古典を大量に読んで教養を身に着けている人のこと」です。教養は、常識と言い換えてもよいかもしれません。何が正しいかを判断するための知識とでも言いましょうか。

騙されないための知恵を身に着けるには、よき読書を習慣とすることです。

社会で結構な成功をおさめている経済人で、「ユダヤ陰謀論」を信じている人に出会ったことは一度や二度ではありません。しかも「ユダヤ＝ロックフェラー」説を信じている人に。そういう人に限って、ロックフェラーとロスチャイルドの区別も曖昧なので、頭が痛くなります。

現代、インターネットで情報があふれる時代だからこそ、何が本物か、ますますわからなくなっています。だから、読書の重要性が増しています。しかし現実には、出版界は比喩ではなく超超超不況なのに、毎日三百点の新刊が本屋にあふれています。この情報の洪水の中で、どれを正しいと思えばよいのか。

私は「自分が正しいと思うこと」の一端を世の中に提示できればと思って、日々仕事をしているのです。

■反日的なアメリカばかりを見ずに、トランプのやっていることを分析してみよう

世の中には、一回五万円も払うセミナーで「東日本大震災はユダヤ人が地震兵器を使って起こした」というヨタ話を聞いている人もいます。お金の使い方を間違えてい

るのではないでしょうか。

ユダヤ、ロックフェラー、フリーメーソン、イルミナティ——……陰謀論のタネは尽きません。

では、仮にその人たちが陰謀を企んでいるとしましょう。世界を支配している彼らが、果たして日本に何をしようというのでしょうか?

少しでも世界の金融事情を知っていれば分かりますが、米欧の人々にとって、アジアは左遷の地です。左遷だと感じないのはせいぜいシンガポールまでで、韓国や日本にくるなど、本当に「極東」の感覚です。ビジネスマンでこれなのに、「世界の支配者」がそんな「辺境の地」である日本をどうしようというのでしょう。

残念ながら、「日本」は、大日本帝国が滅んで以降、国名ではなく土地名なのです。アメリカや中国は日本を挟んでにらみ合っています。だから、日本は主戦場です。しかし、あくまで土地として重要なのであって、日本征服に血道をあげているわけではなく、米中の抗争のワンイシューにすぎません。

ならば、アメリカや中国が何を考えているかを探る方が、「ユダヤ陰謀論」を信じるよりもはるかに有益です。

では、日本の周辺諸国が何を考えているか、そしてどのように対応すればよいのかを考えてみましょう。

まず、アメリカです。

日本人が見ているアメリカは、だいたいが反日的なアメリカです。第二次世界大戦後、アメリカでは主に民主党が政権を握ってきました。

日本に戦争を仕掛けてくれたフランクリン・ルーズベルト、原爆を落としてくれたハリー・トルーマン、人権外交と称して日本どころか世界中をかき回したジミー・カーター、そして中国にのめりこんだビル・クリントン。ベトナム戦争その他で苦しんでいたJ・F・ケネディやリンドン・ジョンソンは、日本にとっては比較的マシな大統領だったでしょう。最近では、バラク・オバマが「アメリカ封じ込め政策」と言われる引きこもり政策で、外国に関心を持ちませんでした。引きこもった挙句、「男子トイレと女子トイレの区別をなくす」などと訳の分からない政策を推進していました。それでも日本の安倍首相が靖国神社に参拝しようものなら「失望した」などと声明を出してきます。

民主党の人間が大統領になると、日本にとっては碌なことがありません。

ただ、そんな民主党政権の対日政策を主導しているのは誰か。

国務省（普通の国の外務省にあたる）です。

オバマ政権の「失望」声明も、国務長官の名前で出されました。

こうした「反日」勢力と戦っているのが、現在のトランプ大統領です。

トランプの有力な支持基盤は、軍です。トランプに関しても、前掲『大間違いのアメリカ合衆国』をどうぞ。

トランプ政権誕生の前年に出したこの本の帯は「トランプ大統領に備えよ」です。と言っても、「予言の本」ではなく、当時、イロモノ候補呼ばわりされていたトランプの実像を伝えた本です。

トランプが当選したときの大統領選挙は最後まで接戦でしたので、何が起きるかわかりませんでした。だから私は、「どうなるか？」と聞かれるたびに「わからない」と答えていました。接戦の選挙の結果なんて、最後まで分かるはずがないのですから。

それよりも大事なことは、接戦ということはトランプが有力候補であるということ、トランプが大統領になった場合となれなかった場合、それぞれの意味を認識することです。

そしてトランプは基本的に、この本に書かれている通りの事をやっています。なぜなら、トランプは自分で掲げた公約を忠実に実行しているからです。メディアの影響で「突然何をやり出すかわからない人物」というイメージがあるかもしれませんが、実は、非常に行動が読みやすい人なのです。

トランプの「アメリカ・ファースト」は自分の国の事しか考えないエゴイズムのように曲解されていますが、全然違います。

トランプの問題意識の根源は、「男子トイレと女子トイレの区別を無くす」「クリスマスを祝うのは他の宗教への差別になる」といったオバマ前政権の行き過ぎを正すことです。基本的に内政重視です。

その上で外政では「アメリカは疲弊し、もはや世界の警察官をする余裕がない。世界中で血を流し、恨みを買いながら、多くの人が富を失っている。これを立て直す、アメリカファーストが先決だ」となるのです。それを踏まえれば、第三章で見た「だから、経済大国の、特に日本には防衛努力を求める。日本の自主防衛は歓迎だし、核武装もＯＫだ。ただ、その証として、せめて冷戦期の欧州標準の防衛費ＧＤＰ二％は頑張ってほしい」と言ってくるトランプの立場がわかるでしょう。

■消費増税がアベノミクスの全てを破壊した

これに対し、日本はどうすべきか。

もはや安倍内閣では手遅れでしょう。しかし、どうすべきだったかの検証は、これからどうすべきかを考える方法になります。

安倍首相の取り柄は経済でした。安倍首相には無敵の方程式があります。

日銀が金融緩和をする→株価が上がる→選挙に勝てる→誰も引きずりおろせない

です。幸い、日銀人事では勝っています。その勝利が「アベノミクス」と呼ばれる景気回復政策の原動力になっています。

これを防ぐには、消費増税しかありません。増税の破壊力は、金融緩和に匹敵します。その証拠に、平成二十五（二〇一三）年に安倍首相が黒田東彦総裁を日銀に送り込み、「黒田バズーカ」と呼ばれる金融緩和をしたら、それまで二十年のデフレが嘘のように景気が爆上げとなりました。

しかし、翌年、デフレを脱却していないにもかかわらず消費増税八％をしたら、一気に停滞。その後、再び黒田バズーカ（ハロウィン緩和）を放ったので、景気は回復軌道に乗りましたが、それでも増税の影響力は大きく、景気の回復は緩やかでしかありません。

それでも安倍首相より景気を回復してくれる、つまり我々の生活を良くしてくれそうな政治家は見当たりませんでしたから、国民はすべての国政選挙で安倍首相を勝利させました。

そうやって安倍政権が長期政権化している間に、海の向こうでトランプ政権が誕生しました。トランプが言っていることは、「第二次世界大戦後の秩序を見直す」です。アメリカの方から戦後レジームからの脱却を言い出したのです。日本もこれに乗ればよかったのですが、安倍首相にその勇気がなかったのは第四章で説明した通りです。

ならば、解決策は簡単です。

安倍首相のやろうとしたことを徹底的にやればよいのです。

金融緩和は徹底する。消費増税など論外。いっそ減税する。そうすれば景気は再び爆上げ、税収は増えます。

単純な算数ですが、増税は、同じパイの中から政府の取り分を増やす行為です。経済成長とは、パイそのものを大きくすることです。税率を変えなくても、パイそのものを大きくすれば税収は伸びるなど、子供でも分かる理屈です。

ところが、それを嫌がる人がいます。

財務省です。

なぜ財務省が消費増税に血道をあげるのかには色んな理由があるのですが、ここでは一つだけ挙げておきます。

財務省にとって、ホドホドの内閣こそ都合が良いからです。景気が悪くなりすぎて短命に終わるのも困りますが、景気が爆上げで大人気となり、自分たちの言うことを聞かなくなるのも困ります。

だから今の安倍内閣のように、そこそこ景気回復しているけれども、事あるごとに増税を持ち出せば、政権はそれを延期するだけでも疲弊します。本当に景気が良くなれば、増税して景気を落とす。そうすれば政権は強くなりすぎません。消費増税は内閣に対する武器なのですから、財務省としてはやめられない訳です。

小泉純一郎首相などは財務省に支えられた政権でしたが、増税を要求されるや「私の内閣支持率を下げる気か！」と一喝して終了です。それができない、増税延期にわざわざ総選挙で信を問う安倍首相が財務省に舐められるのは当然でしょう。

現在の安倍首相は、内政では財務省や内閣法制局、外政では周辺諸国の顔色を伺いながら、最も忠実な相手が反日的アメリカ人というありさまです。少なくともトランプではありません。

民主党は言うに及ばず、共和党だって親日ではありません。俗に「ウィークジャパンポリシー」と言いますが、民主党の大半は「日本など弱い方がいい」です。共和党にもウィークジャパンポリシー派はいます。

逆に「ストロングジャパンポリシー」だからと安心してはいけません。共和党の大半は「日本を番犬として使おう」という考えですから。吉田茂以降の歴代保守政権は、「番犬は嫌だ」という方針を堅持してきました。だから、「日本など弱い方がいい」というウィークジャパンポリシー派と提携していました。

ちなみに吉田は外交官出身で、親英米派として知られました。戦前以来の旧知の仲が、ウィリアム・キャッスルです。キャッスルは、戦前は駐日大使や国務次官を務めました。戦後は共和党ウィークジャパンポリシー派の頭目です。「ジャパンハンドラー」

の元祖です。

おそらく、安倍首相や外務省は、いずれトランプの路線は捨てられると分析しているのでしょう。今はトランプのご機嫌を取るのが得策だけれども、本気でのめりこんではいけない。もしアメリカでトランプ路線が転換したら、何をされるかわからないと怯えているのでしょう。

アメリカ共和党は細かく派閥が分かれていますが、大きく分けると主流派と保守派です。

戦後の共和党大統領で保守派はレーガンただ一人で、その他のアイゼンハワー、ニクソン、ブッシュ親子はすべて主流派だそうです。この辺りは、渡瀬裕哉『トランプの黒幕―日本人が知らない共和党保守派の正体―』（祥伝社、二〇一七年）が詳しいのでご参考にしてください。

反日的アメリカ人の靴の裏をなめ、国内の抵抗勢力に脅されながら生きていくか。それともトランプと組んで国力をつけ、国内の抵抗勢力を粉砕するか。

今の安倍内閣には無理でも、安倍内閣がやろうとしたことを成し遂げた人が、次の長期政権のリーダーになるのは明らかでしょう。

それは、誰か？

正直、今の日本にそんな人がいるのかどうかは知りません。

しかし、「どこに人材がいるのか？」という危機から傑出した人物が現れてきたのも、日本の歴史ですから。

■アメリカの親中派を相手にするな！トランプ政権中にやるべきこと

「エスタブリッシュメント」という言葉をご存じでしょうか。「体制側」という意味です。

前節で、アメリカの民主党も共和党主流派も、反日、少なくとも親日ではないという話をしました。彼らは同じ穴のムジナなのです。アメリカの「エスタブリッシュメント」として。

アメリカの民主党は論外ですが、共和党においても、トランプみたいな保守派はともかく、主流派は民主党と変わりません。彼らのことを俗に「名ばかり共和党員（RINO＝Republican In Name Only）」と言います。名ばかり共和党員や共和党主流派、それに民主党主流派を足し、そいつらを指しているわけです。日本人は、そちらばかりを見ています。

だから、「あなたがおっしゃるアメリカって何を指しているんですか」と問わねば議論にならない場合が多いのですが、日本のエスタブリッシュメント（＝外務省、財務省、そして内閣法制局）も、アメリカの「エスタブリッシュメント」ばかり見ているわけです。彼らは、アメリカが日本に防衛努力を求めてきても一時的であって、テキトーにやり過ごせばいいと思っているのです。

朝鮮戦争のときの吉田茂、ニクソンの時の佐藤栄作、レーガンの時の中曽根康弘、トランプの時の安倍晋三……すべてそうです。徳川家康の三河武士団が今川や織田の戦争に駆り出され苦しい思いをしながらも力を蓄えた茨の道を拒否しているのです。

アメリカのエスタブリッシュメントは親中です。中国ともつるんでいます。日本の政官財界、それにマスコミはそこに忠誠を誓っています。

とは言うものの、アメリカだって、日本を中国に渡す気があるか、というと民主党政権ですらそれはやりません。少なくとも当面は、その気配もありません。

これはデビュー作以来何度も書いてきたことですが、ここで改めてはっきり言います。

敗戦後の日本は、アメリカの持ち物です。それを寄越せと中国が言ってきている。では、アメリカの親中派が分け前を与えることまでは許容できても、丸ごとあげる気になるか。そうなると、利害が対立します。

持ち物には、持ち物のアドバンテージがあるのです。

解決策は簡単です。

トランプ政権のうちに、日本に新政権を打ち立てるのです。

そして、増税を延期ではなく減税して一気に景気を回復し、支持率が爆上がりしている間に、防衛費を増額。さらに、その勢いがあるうちに、内閣法制局がやってきた出鱈目を全部ひっくり返す。そうなれば、語学ができて外国人に諂うのだけが取り柄で、何の権限もない外務省など形骸化します。

「最低国家韓国」とレッテルを張るだけではダメ

現在の日本は、アメリカと中国に小突き回され、ロシアには相手にされず、それどころか北朝鮮や韓国にも舐められている「東アジア最弱の国」のようです。

この中で、日韓だけが核武装をしていません。「ネトウヨ」には反韓の感情が強く、「お前にだけは負けてない」と歪んだナショナリズムを炸裂させている人もいます。「ネトウヨ」の言論空間では、「世界史上最低の国が韓国」というのが自明と化しています。世界史上どれだけ国が存在したか知っているのかと聞きたくなりますが。

中には「韓国のやったことは、北朝鮮の拉致よりも許せない」などと本末転倒な主張を繰り広げる輩もいます。こうした状況を最も喜ぶのは、間違いなく北朝鮮でしょう。

そもそも、韓国は「悪の帝国」と呼ばれていました。呼んでいたのは、朝日新聞です。教科書問題が話題となった全斗煥政権まで、日韓関係は良好でした。韓国は本気で朝鮮戦争の再開を覚悟した時期もありました。それだけ緊張していたので、日本を敵に回すわけにはいかなかったのです。

また、一九八〇年代はアメリカのレーガンがソ連を本気で潰そうとして冷戦が最高潮を迎えた時期でした。朝日新聞は、軍事政権の全斗煥を「アジアのヒトラー」呼ばわりしながら、一方でファシズムの北朝鮮を「地上の楽園」と称える始末でした。

それが冷戦終了後、韓国も民主化し、九〇年代の韓国大統領、盧泰愚、金泳三、金大中は加速度的に親北に傾斜します。それに歩を合わせるように、朝日新聞の韓国への筆も緩んでいきました。ついでに言うと、「冬のソナタ」にはじまる韓流ブームの到来や、歴史問題で日本政府が謝罪を繰り返していたのも九〇年代です。

歴史問題の最たるものは、従軍慰安婦問題です。戦時中に日本軍が二十万人もの朝鮮人女性を強制連行して性奴隷にした。その事実関係に日本が黙っても反論しても、王手飛車取りをかけられたようなものです。黙ったら、日本の犯罪を全世界に喧伝できる。反論したら日韓関係がこじれる。そして、同じ被害者、同胞として南北朝鮮の絆が強まる。

九〇年代から、二十一世紀にかけて、「朝鮮民族」という言葉が韓国のメディアに飛び交うようになります。「反日」は韓国が北朝鮮に傾斜する魔法の言葉となりました。そして今や、国ごと陥落しているかのような状況です。

呉善花さんは「北朝鮮の工作員が十二万人、韓国の中枢部に入っている」と書かれていますが（「さよなら、幻想の国」『Voice』二〇一四年十月号）、どう見てもそうとしか見えません。今の韓国政府は朝鮮労働党の支配下にあるようにしか思えません。

ここでファシズムの定義を思い出しましょう。一国一党。党が国家の上位にある。独裁党が国家を指導する体制です。

かつてのソ連共産党は、ロシアを乗っ取りました。同時にソ連は、衛星国も指導しました。衛星国の中で断トツに忠誠心が高かったブルガリアに至っては、ローマ教皇暗殺未遂事件などという大それた事件を引き起こしています。言うなれば、ロシアはソ連共産党の直轄領、ブルガリアは衛星国です。

今の朝鮮半島も同じです。北朝鮮は朝鮮労働党の直轄領、韓国は衛星国なのです。韓国の最高裁が徴用工問題で、日本企業に対して戦時中の強制労働の賠償を命じる判決を出しています。また韓国海軍は、自衛隊にレーダー照射を行いました。これは、銃口を向けたのと同じです。はっきり言って、狂っています。

日本は韓国に何もしない訳にはいきませんが、では、韓国にだけ喧嘩を売ればよいのか。

こういう時こそ、歴史に学びましょう。

ブルガリアがローマ教皇暗殺未遂事件などという大それた事件をしでかしたとき、ブルガリアにだけ猛抗議をした国があったでしょうか。

ありません。

ブルガリアの雇い主はソ連共産党です。西側諸国は結束して、ソ連に対峙しました。

「お前が責任をとれ」と。ブルガリアのやったことだけを報じてソ連の責任問題を追及しない西側メディアなど、皆無でした。

我々も、韓国が反日行動を起こすたびに、金正恩の名前を関連付けて出してやればいいのです。もちろん政府は、韓国に猛抗議をする。同時に民間のメディアが「金正恩」「北朝鮮」「朝鮮労働党」を事件と関連付けて連呼する。つまり、韓国を裏で操っているのは金正恩だと日本人が知っていることをアピールするのです。

これだけで、北朝鮮は「自分だけ安全地帯にいて、日韓を喧嘩させる」ができなくなります。

何度も言いますが、日本人が頭の悪いことばかりしているから、韓国ごときに舐められるのです。北朝鮮ごときに舐められるのです。

もう一つ、現実を認識しましょう。

もはやアメリカに、第二次朝鮮戦争を戦う力はありません。そんなアメリカ頼みの国策など、国策ではありません。

かつてのアメリカは「二ヶ二分の一戦略」と言って、対独戦・対日戦のような大規模紛争に加え、一つの小規模紛争を戦う力を持つことを国是としました。それが今や、その二分の一も危ない。湾岸戦争やイラク戦争では地上戦を行いましたが、何か月も時間をかけて、多数の同盟国と協調して作戦を行いました。イラクのような相手ですらこれです。

イラクは核武装国でもなければ、中国やロシアと国境を接していません。そんな相手でこのありさまです。では北朝鮮は？　核武装国で、中露両国の隣国です。

金一族ほど大陸の覇権国家に逆らった朝鮮人はいません。初代金日成からして、「スターリンの威を借るキツネ」の如く毛沢東に威張り散らしました。それでいながら、スターリンに対しては毛沢東と組んでモノを言う。これを「主体思想」と呼んでいるような連中です。

二代目の正日も、今の正恩もあまり変わりません。だから、中国もロシアも、金一族自体は好きでも何でもないでしょう。むしろ「生意気な奴」くらいに思っているはずです。しかし、北朝鮮という「土地」は必要です。アメリカの勢力圏が鴨緑江にまで伸びて国境を接するなど、中露にとっては悪夢です。アメリカの手で北朝鮮を崩壊させるなど、中露が絶対に認めるわけがありません。

日本人のどれだけが、こういう基本的な地政学を知っているのでしょうか。

そうした背景を踏まえれば、日本がどう対処すべきかが見えてきます。

■北朝鮮拉致問題は、日本政府が存在する価値があるかどうかの大問題

日米韓中露朝の六か国は、核・ミサイル問題で協議しています。すなわち「北朝鮮が核やミサイルを持つことを周辺諸国は許容できるか」が外交問題となっています。

この問題で北朝鮮は日本の敵です。日本に核ミサイルが向けられているからです。アメリカも北朝鮮のミサイルが本土に届く技術に達するや否や、協議に本腰を入れました。トランプが金正恩と直接会談したのは、その本気の表れです。

逆に中国やロシアは自分たちの方に向いていないので、北朝鮮が核やミサイルを持つことに反対しません。韓国が何を考えているかわかりませんが、気にしないでおきましょう。

もう一つ、日本にとって絶対に看過できないのは、拉致問題です。北朝鮮は日本人を日本国の領土から拉致していって、返しません。これは明らかに国家的な犯罪です。

この点で、他の国と日本は立場が違います。

日本と北朝鮮の最大の争点は、拉致問題なのです。

北朝鮮拉致問題は、日本が国家として生存する価値があるかどうかの大問題です。自分の国から自分の国の国民を拉致されて、泣き寝入りする。そんな政府に何の存在価値があるでしょうか。比喩ではなく、「警察がいらない」状態です。

北朝鮮はアメリカにとっては「敵」ですが、日本にとっては「犯罪者」なのです。では、どうすべきか。

歴史に学べば、おのずと解決策は見えてきます。

北朝鮮に拉致された日本人を取り返した唯一の首相は、小泉純一郎です。

二〇〇一年。小泉内閣発足から半年後、アメリカで九・一一テロが起きました。アメリカは下手人のアルカイダを匿ったアフガニスタンに軍事制裁を発動します。この時、小泉首相は即座にアメリカの戦いを支持します。そして作戦支援の為に、インド洋へイージス艦を派遣します。同盟の義務を果たしたのです。

さらに、同年末。日本近海にやってきた北朝鮮の不審船《スパイ》を海上保安庁が追いかけまわし、自沈に追い込みました。そして乗組員の遺体と船の残骸を引き上げ、船を日本船舶振興会（現日本財団）で展示しました。死体をさらし者にしたようなものです。これにより「一人も拉致被害者を返さなければ殺すぞ」という国家意思を示しました。そして二〇〇二年九月十七日、小泉首相は平壌に乗り込み、金正日に拉致を認めさせ、五人だけとはいえ、被害者を取り返しました。

なお、小泉首相が平壌に飛んでいる間、アメリカ第七艦隊はスタンバイしていたそうです（倉山満、中丸ひろむ、江崎道朗『国士鼎談』青林堂、二〇一六年）。

これが戦国時代なら、当然の感覚でしょう。自らの本気を示して、同盟国をついてこさせる。小泉首相は「アメポチ」だの、「日本をアメリカの属国にした」だの、さんざんな言われ方をしました。アメリカのポチだから「アメポチ」です。

しかし、そういう汚い誹謗中傷をしている人の出自を調べれば、中国共産党に忠誠を誓っている人か、そういう人に踊らされている人ばかり。お里が知れます。

はっきり言います。小泉首相は、「ちゃんとアメリカの属国をやった」から、拉致被害者を取り返せたのです。

他の首相は、たいていが中国の手先でした。中華人民共和国の「日本省長」とでも呼ぶべき竹下登を筆頭に、その傀儡の宇野宗佑、海部俊樹、宮澤喜一、村山富市、橋本龍太郎、小渕恵三。弱すぎて論評に値しない細川護熙、羽田孜、森喜朗、安倍晋三（第一次政権）、福田康夫、麻生太郎、鳩山由紀夫、菅直人、野田佳彦。そのいずれも「アメポチ」「アメリカの属国」ですらありません。今の安倍政権（第二次）だって、拉致被害者を一人も取り返せていないのですから、その他凡百の政権、あるいは中国の手先政権と大同小異です。

小泉首相は歴史モノの小説を好んで読んだそうですが、本書をここまで読んでいただいた方は、第一章の長篠の戦いを思い出すかもしれません。長篠の戦いは、徳川家康の「弱者の恫喝」から始まりました。

もしあの時、織田信長が家康の要請を無視して援軍に駆け付けなかったらどうなるでしょうか。家康は「武田に降伏するほかなし」と宣言しています。実際に客観状況からして、そうならざるをえなかったと思われます。だから、家康が信長の子分である限り、信長は家康を助けなければならないのです。さもなくば、子分は生きるために親分を取り替えますから。家康は武田の子分として、信長の領土を奪えば元が取れます。それを防げるなら、信長は最初から武田と戦えばいいのですから。

今のアメリカと日本の関係も、織田と徳川の関係と同じです。吉田茂以来、戦後の総理大臣は「今川氏真の道」を選んできましたが、小泉首相だけは「徳川家康の道」を選びました。問題は後に続く人がいないことです。

安倍首相は、一生懸命に「アメリカが北朝鮮から日本人拉致被害者を取り返してくれているときに後方支援をする」という方策を考えているようです。何の冗談でしょうか。

同盟国（＝子分）の日本が拉致問題という国の存亡にかかわるような問題で命がけで戦うなら、アメリカも付き合ってくれると思います。しかし、日本が「自分は安全地帯にいるんで、アメリカだけ命がけで戦ってくれ」などとお願いしたとすれば、誰が一緒に戦ってくれるでしょうか。アメリカからしたら、「自分でやれ」の一言です。

結局、半島問題など、衛星国の韓国など論外で、北朝鮮ですら問題ではないのです。徹頭徹尾、日本の国内問題なのです。

■日本最大の脅威、中国にすべきこと

アメリカのトランプ政権は、主敵を中国とみなしています。

かつてレーガン政権は、世界ナンバー2のソ連を潰すためにナンバー3の中国と組みました。その結果、ソ連以上に悪質な中国を増長させました。

今の世界ナンバー2は中国、ナンバー3はロシアですが、ロシアと組んで中国を潰すなどという安易な道を選ぶ気はないようです。

中国の習近平、北朝鮮の金正恩、そしてロシアのウラジミール・プーチン。この三人に共通するのは、「人を殺してはならない」という価値観が通じないことです。そして、力の論理の信奉者です。

力の論理の信奉者は、自分より弱い者など相手にしませんが、自分より強い相手には喧嘩を売りません。

ならば対策は簡単。自分が強くなれば良いのです。そうすれば、相手がすり寄ってきます。はっきり言えば、「地球儀外交」などと笑顔と円を振りまく暇があったら、防衛費を二倍にするくらいの国防努力をすればよいのです。

間違っても、そうした国防努力をしないで「何回も会談を重ねれば、いつかプーチンだって北方領土を一島くらい返してくれるだろう」とか、甘い幻想を抱かないことです。自分より弱い北朝鮮から自国民を取り返せない。それどころか、さらにその衛星国の韓国にすら舐められる日本相手に、第二次世界大戦の戦利品であるクリル諸島（ロシア側は「北方領土と呼ぶな」とすら言っている）を返してくれるはずがありません。国防努力とは何か。

現実的には、アメリカと組んで中国に対抗できる程度の実力を持てれば御の字でしょう。つまりは「真面目に属国をやれ」です。敗戦後の日本は土地（シアター）にすぎないのですから、頑張ってせめて小国（アクター）にはなりたいものです。せめてなりたや、小国……。

実に情けない限りですが、我が国の最大の脅威は中国なのですから、備え続けるしかありません。

さて、その中国です。私の仕事のオファーで多いのが、「中国の悪口本を書いてください」です。しかし、気が重くてすべてお断りしているのですが。

実際、現代中国について書いたのは、『嘘だらけの日中近現代史』（扶桑社新書、二〇一三年）だけです。同書は私の本で一番売れたのですが、やはり需要はあるのでしょう。中国にやられっぱなしは嫌だという日本人の感情が、中国バッシング本の隆盛につながっているのでしょう。

確かに『嘘だらけの日中近現代史』を書いたときはアベノミクス絶頂期で、「ソ連について中国も潰せ！」みたいなイケイケドンドンな内容だから、私も書いていて気が楽でした。でも、その後は……いや、これ以上何も言うまい。これだから日本人は……。

しかし、第一章の冒頭でも述べましたが、「これだから日本人は～」というときの「日本人」って、たいていは日露戦争に勝ってからの「平和ボケした日本人」です。それは、確かに今に至る日本人ではあります。しかし、聖徳太子の時代から数えて約一四〇〇年の中の、たかだか一〇〇年くらいの例外ではないでしょうか？

そういう視点も大事だと思うので、我が国と中華帝国の関係を振り返ってみましょう。

■歴史に学べ、全戦全勝の日中関係

西暦で言えば六〇七年。聖徳太子が「我々はお前の子分ではない」と宣言してからおよそ一四〇〇年。実は日本は、中国に全戦全勝です。中国の方が強国だなどという考え方は、プロパガンダです。

その一、VS.隋

多利思比孤という人物が、「私、東の天子。あなた、西の天子。お元気ですか」と喧嘩を売る手紙を出しました。これに隋の煬帝は怒り狂いましたが、何もできませんでした。以上、中華帝国の正史（公式歴史書）である『隋書』の記述です。

多利思比孤という人物が誰なのか諸説あるのですが、中華帝国に対して「我々は貴様の子分ではない」と宣言する外交を主導したのは聖徳太子だと考えられています。国と国との関係で最も利口なのは、戦争をしないで外交だけで目的を達することです。それを見事にやってのけたのが、聖徳太子が偉人である理由のひとつです。

その二、VS.唐

六六三年、白村江の戦いで日本は唐に完敗しました。六六〇年、日本の傀儡国家である百済（昭和の満洲国のようなもの）が唐に滅ぼされたので、その三年後、中大兄皇子（天智天皇）が百済を復活させようと奇襲攻撃をかけました。古代史のパールハーバー・アタックです。

滅亡から三年もたってての軍事行動は、かなりの無理筋です。やるなら滅びる前にやる、滅びた後はやらない、で一貫していればよかったのですが、チグハグでした。しかし、そこからが中大兄皇子の凄いところ。

国防体制を充実させるべく国境に水城と呼ばれる砦を作りまくり、防人と呼ばれる兵士を動員します。この時、防衛の最前線だった北九州を守るのに、当時の日本の東端の関東の兵士を集めました。これに意味があり、「地元を地元民が守る」のではなく、「日本を日本国人が守る」という意識が芽生えます。チャイニーズでもコリアンでもなく、日本人です。

結果、唐は日本に攻めてくることはなく、日本も遣唐使を派遣して友好関係に努めました。戦争の失敗を国防努力ののち外交で取り返した例です。

その遣唐使も、唐が動乱状態になった時に、菅原道真という賢い人が、「もうあんな国に命の危険を冒して渡って、学ぶものなどない」とかかわりあいになるのをやめました。

その三、VS.宋

宋は実に弱い国です。北方騎馬民族の遼や金にカツアゲされて国を永らえ、遂には元に滅ぼされてしまいました。

その亡国過程で、禅僧など教養人が亡命者として次々と日本に流れてきます。相手が弱っているので、日本が優しく接してあげていたら、そのうち滅んでしまいました。周りに迷惑をかけないのだから滅びなくてもよいのですが、弱すぎて滅ぼされてしまいました。

その四、VS.元

ご存じの通り、元は世界史最大の帝国です。東は中国から西はヨーロッパまで、ユーラシア大陸を縦横無尽に荒らしまわりました。

これを迎え撃ったのが、日本の鎌倉武士団。総帥は北条時宗、十八歳。時宗は、「話し合いで穏やかにお引き取り願いましょう。少しくらい頭を下げても、損はしないじゃないですか。戦争したら負けるかもしれないじゃないですか」などと、今の日本の外交官なら平気で言いそうな連中を全員粛清（物理）。

挙国一致体制、日本人一丸となって元を迎え撃ち、二度とも返り討ち。一度目の文永の役は水際撃滅。二度目の弘安の役では上陸させずにこちらから敵船に乗り込み艦返しました。

隊決戦。台風が来るまで一歩も上陸させず、一生消えない恐怖を敵に植え付けて追い

その五、VS.明

室町幕府は貿易の利権欲しさに冊封貿易を唯々諾々と受け容れ、国体を売り飛ばした！　というのは、意味不明に中華かぶれだった三代将軍足利義満だけです。

息子の四代将軍義持は父親にいじめられていたので、義満の死後に「父親がやったことと全部逆のことをやる」と、冊封を放棄。怒った明が恫喝するも、「来るなら来い！」と構えていたら、来ず。

弟の六代将軍義教は、父義満にならって冊封を再開。明使を兵庫港まで出迎えに行きます。ところが、明使は儀礼に従って義教が跪いて国書を受け取るかと思いきや、立ったまま待っているので困惑してしまいます。要するに、義教が「さっさと寄越せや」と国書を出させたということ。明としては、「冊封していただいた」立場なのです。

ちなみに当時は倭寇と呼ばれる日本の海賊（ただし一六世紀の後期倭寇は主に中国人）が中国各地で暴れまわっただけでなく、勘合貿易を行なった正規の貿易船も略奪

暴行放火などやりたい放題。

要するに、室町幕府はチャイニーズからカツアゲしていた日本史最大の広域暴力団なのです。

そのヤクザがいなくなったと思ったら、続いて飛び出てきたのが、豊臣秀吉です。朝鮮出兵の主敵は明なので、明は侵略に耐えながら、ひたすら秀吉が死ぬのを待っていただけです。

明にとって幸いだったのは、本気で明を侵略しようと考えた日本人は、豊臣秀吉ただ一人だったということです。他の日本人は「敵の抵抗が手ごわくて」などと〝逆大本営発表〟を本国に繰り返し送り、まったく侵攻する気なしでした。

その六、VS.清

この王朝は満洲人の王朝で、初代ヌルハチから六代乾隆帝まで、二百年もマトモな統治が続いた、大陸唯一の時代です。同時代の日本の江戸幕府は、「年間三十隻だけの貿易」と付き合いを制限したので、いい関係を維持できました。

清朝勃興期、明の遺臣たちが台湾に亡命政権を樹立し、日本に援軍を求めてきたけど、丁重にお断りしました。

明治政府になったら、清の怠惰のおかげで大迷惑をこうむります。西洋列強の脅威に対抗しなければならないのに、清は惰眠を貪っています。それでいながら、日本の隣国の朝鮮にもチョッカイを出し、ことごとく対立してきます。それどころか、「沖縄は日本ではない」などと訳の分からないことを言ってきます。

日本に力が足りないうちは、もめごとが起きるたびに大久保利通や伊藤博文らが北京に乗り込み、直接交渉で李鴻章（漢民族）を黙らせています。

そして明治二十七（一八九四）年、日清戦争で最終決着。清はもう少し強いと思ったのですが、日本は圧勝します。

清はますます当事者能力を無くし、ロシアの子分になるのですが、日露戦争では見て見ぬふりです。これは日本が日英同盟を結んでいた自助努力のおかげです。と言うのは、日英同盟は、日本がロシアと一騎打ちになったらイギリスは軍事以外の形で支援をすることになっていたので、どこかの国がロシアに助太刀したらイギリスも参戦することになっていたのです。イギリスの乱入が怖いロシアは、清に圧力をかけて自重させましたし、そもそも清もロシアの為に戦う気はありません。自分の国が戦場になっているのに、他人事という当事者能力の喪失（やる気のなさ）はあきれますが。

以上、日露戦争以前の日本人は、見事なまでに中国との付き合い方を間違えていません。あえて言うなら、中途半端に関わった朝鮮出兵くらいでしょうか。

その後、辛亥革命で清が倒れると、日本は、中華民国に振り回され、中華人民共和国にいいようにやられています。しかし、千五百年の歴史の中で、日本が中国に勝っていないのは、孫文・袁世凱・蔣介石、そして中国共産党を相手にしてきた、たかだか最近の一一〇年だけなのです。

しかし、それは相手が手強いという以前に、日本が弱くて頭が悪いからではないでしょうか。

実際、国単位でも個人単位でも、中国（人）は自分より強くて賢い奴には喧嘩を売りません。唐・明・清にはこちらから攻めていったわけですし、日本に真っ向から来襲した元は中国ではなくモンゴル人です。

近代でも、大久保利通や伊藤博文は、こちらの方が小国の時に直接交渉して、要求を通しているのです。それには国防努力をしているという裏付けがありました。「戦えば、もしかしたら負けるかもしれない」と相手に思わせることこそ、外交の最大の武器なのです。

金だけ持っていても、軍事力がなければ気迫もない。今の日本など、カツアゲの対象でしかありません。

むしろその点は、日本に叩きのめされながら、世界に冠たる大日本帝国に取って代わった中国に学ぶべきでしょう。

しばしば、日本人は「中国人は嘘つきだ」とバカにします。中国人の嘘に騙される人に憤ります。「なぜ、あんなバカな嘘に騙されるのか。あんなのはプロパガンダだ」と。では、なぜ騙されるのでしょうか。

それは、中国人は騙される人が出てくるまで、プロパガンダし続けるからです。成績を出す営業マンが「誰がおまえの話なんか聞くか」と言われ続けても、聞いてくれる顧客が出てくるまで営業して回るのと同じです。中国人はハートが強いのです。生への執念と言ってもいいでしょう。

果たして、今の日本にそんなバイタリティーがあるでしょうか。

知力・財力・武力。

たいていの経済大国は軍事大国になるものですが、そんな気配は今の日本にはありません。知力が足りないからでしょう。

外国の悪口を言って気持ちよくなる暇があれば、自分が勉強して賢くなる。

もし、賢い国民が増えれば、自ずと強い国になるでしょう。

果たして、今後の日本は？

その答えは著者である私ではなく、読者である貴方が決めてください。

あとがき

しばしば私は、三つの質問をします。

あなたは一年後、どんな自分になっていますか？
あなたは十年後、どんな自分になっていますか？
あなたは死ぬ時、何をした人として死んでいきますか？

最初の二つの質問は、目標です。できれば、数字をつけて明確化した方がいいでしょう。逆に、最後の質問に数字があるって、意味があるのでしょうか。あるとしたら、「一番」だけでしょう。「一番、○○をした」という。

この三つの質問で聞いているのは、短期計画、中長期計画、そして人生全体の計画です。最後の質問で「死ぬ時」「死んでいきますか」というのは、死に方を聞いているのではありません。どんな生き方をするか、しているかを聞いているのです。

死生観という言葉があります。「死ぬことと見つけたり」という言葉で、「どんな死に方をするか」「死に場所を探す」「かっこよく死ぬ」という意味で勘違いされることもあります。しかし、死生観で本当に大事なことは、「どんな生き方をするか」なのです。お金を儲けたい。どれくらい？　死ぬまでに十億円儲けるのが自分の価値だ。だから、事務次官になって、天下り先で儲ける。そんな官僚もいます。では、その人の価値、毎年百億円を稼いでいる民間企業の社長より下なのか。そんな目的しか掲げられないようでは下でしょう。毎年百億円稼いでいることを自慢している経営者だって、それしか自慢がないなら、一千億円稼いでいる人より価値がないことになります。

それより、「自分はみんなが喜んでくれる優しい味のお菓子をつくった」「教師として毎年無事に教え子を送り出した。みんな立派に社会人としてやっていっている」……なんでもいいと思います。

大事なのは、何のために？　ではないでしょうか。

私は子供のころから、「本当のことが知りたい」との思いだけは強くありました。背伸びして大人びた本ばかり読んでいた気がします。

小学生のころから桑田忠親先生の歴史エッセーや大橋武夫先生の「兵法経営」シリーズを読んでいましたし、中学生の頃は本文でも記しましたように、藤田田、五島勉、宇野正美と、訳も分からず世の中の本当のことが書いてあるかもしれないという本を読み漁りました。

本当に玉も石も分かっていなかったと思います。

バブルが崩壊しているのも気づかず就職活動もせず、大学院に「入院」したのはともかく、大学非常勤講師というフリーターを続けていた世間知らずでした。幸い、今は文筆で生きていくことができます。

こうした人生の中で、かつての自分も含めて「世の中のことがわかっていない人が多いな」「騙されている人が多いな」と感じることが多々あります。もちろん、今の自分だって、どれほどわかっているのかという自問自答と反省は常に続けているのですが、それにしても世の中あまりにも悪質な嘘が多い。義憤を感じます。

ならば、己のなすべきことは何か。

一年後の目標は、企業秘密です（笑）。明かしません。

十年後は、これまた企業秘密です（笑）。これも、明かしません（笑）。

死んだとき、どんな自分になっていたいか。

私は後世の人に、「倉山満が生きていた時代って、こんな当たり前のことを言わなきゃいけない時代だったんだ」と言われる日本にしたいと思っています。もし日本が本来のマトモな日本になっていたら、倉山満という人間がいたことなど忘れてもらっても結構だと思っています。

本文でも再三再四、繰り返しましたが、今の日本は異常な日本です。ところがその異常が七十年、いや百年以上も続いています。

確かに、GHQにより日本は徹底的に痛めつけられました。そうした不良外人に媚びて権力を握った裏切り者の日本人もいました。左翼です。

しかし、今の日本がダメな国なのを、いつまでもGHQや左翼のセイにだけしていてよいのか。左翼など虫の息ですし、GHQなどこの世にいないのです。連中を操ったソ連すら滅亡しました。そもそも、敗戦により大日本帝国を亡ぼしてしまった反省こそ、すべきではないのでしょうか。

幕末、亡国の危機にあった日本は、軍事力・経済力・科学技術力のすべてで白人列強に劣っていました。武力と財力では完全に負けていました。しかし、知力では負けていませんでした。黒船を見せられ脅されても、「ならば、あれをやればいい」と本当に黒船を作り、乗り回したのが我々の御先祖様です。科学技術力では圧倒的な差だったかもしれません。しかし、少なくとも「科学する心」では負けていませんでした。知力では負けていなかったのです。

そして、必死の努力で亡国か大国かの、世界中が戦国時代のような厳しい時代を勝ち抜いたのです。

今の日本は情けないかもしれませんが、もし元に戻れるとしたら、まずは知力なのです。賢くなることです。人に頼るのではなく、自分が。

その為に、本書がいささかでもお役に立てれば幸いです。

本書では、尾崎克之さんの助けを借りました。すばやいリサーチには、どれほど助けられたかわかりません。倉山工房の細野千春さん、徳岡知和子さんには校閲でお助けいただきました。

ワニブックスの川本悟史さんは長いお付き合いですが、本書の方向性を指し示し導いていただきました。

皆、かけがえのない仲間です。

一年後、一人でも多くのかけがえのない仲間を増やすことが目標の一つです。

仲間、全員に感謝して筆をおきます。

二〇一九年三月吉日

倉山満

著者　倉山満（くらやま みつる）
1973年、香川県生まれ。憲政史研究家。
1996年、中央大学文学部史学科国史学専攻卒業後、同大学院博士前期課程を修了。在学中より国士舘大学日本政教研究所非常勤研究員を務め、2015年まで日本国憲法を教える。2012年、希望日本研究所所長を務める。著書に、『2時間でわかる政治経済のルール』（講談社+α新書）『並べて学べば面白すぎる世界史と日本史』（KADOKAWA）『日本史上最高の英雄 大久保利通』（徳間書店）『明治天皇の世界史 六人の皇帝たちの十九世紀』（PHP新書）『検証 検察庁の近現代史』（光文社新書）『嘘だらけの日米近現代史』などをはじめとする「嘘だらけシリーズ」『帝国憲法の真実』『日本一やさしい天皇の講座』（いずれも扶桑社新書）『逆にしたらよくわかる教育勅語 ほんとうは危険思想なんかじゃなかった』（ハート出版）『世界の歴史はウソばかり』（ビジネス社）『大間違いの太平洋戦争』『大間違いの織田信長』（いずれもKKベストセラーズ）など多数。
現在、ブログ「倉山満の砦」やコンテンツ配信サービス「倉山塾」や「チャンネルくらら」などで積極的に言論活動を行っている。

バカよさらば
プロパガンダで読《よ》み解《と》く
日本《にっぽん》の真実《しんじつ》

2019年 4月 10日　初版発行
2019年 5月 10日　2版発行

編集協力　尾崎克之
校　正　細野千春、徳岡知和子
編　集　川本悟史（ワニブックス）

発行者　横内正昭
編集人　岩尾雅彦
発行所　株式会社 ワニブックス
〒150-8482
東京都渋谷区恵比寿4-4-9 えびす大黑ビル
電話　03-5449-2711（代表）
03-5449-2716（編集部）
ワニブックスHP　http://www.wani.co.jp/
WANI BOOKOUT　http://www.wanibookout.com/

印刷所　株式会社 光邦
ＤＴＰ　アクアスピリット
製本所　ナショナル製本

ISBN 978-4-8470-9787-4